# Zeit der Fehler

Mohamed Choukri

# Zeit der Fehler

*Aus dem Arabischen von Doris Kilias*

Eichborn.

Titel der Originalausgabe: ZAMAN AL-AHTA'

Die Deutsche Bibliothek – CIP-Einheitsaufnahme

**Šukrī, Muḥammad:**
Zeit der Fehler : Roman / Mohamed Choukri. Aus dem Arab.
von Doris Kilias. – Frankfurt am Main : Eichborn, 1994
ISBN 3-8218-0274-X


Umschlaggestaltung: Rüdiger Morgenweck.
Lektorat: Ida Schöffling.
Satz: Fuldaer Verlagsanstalt GmbH, 36003 Fulda.
Druck und Bindung: Wiener Verlag, Himberg.
ISBN 3-8218-0274-X
Verlagsverzeichnis schickt gern:
Eichborn Verlag, Kaiserstraße 66, D-60329 Frankfurt

# INHALT

# Eine Blume ohne Duft

Vor dem Bus, aus dem ich ausgestiegen war, kam ein schmutziges Kind auf mich zu, barfuß, ungefähr zehn Jahre alt.

»Ein Hotel, wollen Sie ein Hotel?«

»Souk El Gabibat. Wo ist Souk El Gabibat?«

»Gehen Sie mir nach.«

Es sah mich und den schäbigen Koffer an. Es wollte ihn tragen. Ich gab ihm dafür fünf spanische Centimos. Wir bedankten uns gegenseitig, und das Kind ging fort. Der Markt war mit Händlern bevölkert, die in Läden und im Freien frische und fast verdorbene Lebensmittel verkauften. Manche saßen, manche liefen herum. Die Sonne war am Untergehen. Aus den Läden waren arabische Rundfunksender zu hören. Ich schlenderte ein paar Minuten auf dem Markt herum. Ich fragte einen Verkäufer von gebrauchter Kleidung nach dem Café Si Abdallah. Gleichgültig und mit einer schnellen Bewegung wies er hinüber und fuhr gleich wieder mit der öffentlichen Versteigerung fort, indem er laut die Preise der Kleidungsstücke ausrief, die er über die Schulter geworfen hatte oder in der Hand hielt. Links am Eingang des Cafés stand ein hölzernes Gestell, auf dem Speisen angeboten wurden: gebratener Fisch und Paprika, gekochte Eier und ein Stapel Schwarzbrot. Auf allem saßen Fliegen. In der Nähe des Herds stand ein großer, langer Tisch, an dem einige Männer Karten spielten, während andere an kleinen Tischen, nur dasaßen und Kif rauchten. Gesichtern und Kleidung war das Elend deutlich anzusehen. Sie nahmen kaum Notiz von mir. Ich setzte mich in eine Ecke, an einen kleinen, schmutzigen Tisch und bestellte beim Küchenchef grünen Tee mit Pfefferminze. Ich dachte, das müßte Si Abdallah sein. In meiner Nähe saß ein Alter, der Kif verkaufte. Er erinnerte mich an Afiouna aus dem Café Si Mouh in Tanger. Ich kaufte ihm eine Packung ab. Er bereitete mir einen »Schakaf«[1] aus seinem »Matwi«[2] vor, und jedesmal, wenn ich einen »Sabsi«[3] von ihm wollte, reichte er mir einen – mit seinem Kif – vollen zu, den ich ihm dann wieder – mit meinem Kif – gefüllt zurückgab. Er rauchte davon, hielt ihn dann einem der Umsitzenden hin[4].

Si Abdallah kam mit dem Tee. Ich fragte ihn nach Mailudi, dem Freund von Hassan Zailachi.

»Er ist seit drei Tagen nicht gekommen.«

Später in der Nacht überwältigten mich das Kif, der Hunger, die Fremdheit. Ich schlürfte Tee aus Gläsern der anderen, sie tranken aus meinem. Ich fühlte mich

1 Schakaf: Ähnelt in Größe und Form ungefähr einem Fingerhut, ist gebogen und hat zwei Öffnungen. Oder er ähnelt der Schale, die am unteren Ende der Eichenfrucht sitzt. Er wird gewöhnlich aus Ton gemacht, in seltenen Fällen aus Aluminium und noch seltener aus reinem Gold.

2 El Matwi: Ist eine kleine längliche oder viereckige Tasche, die gewöhnlich aus Ziegen- oder sonstigem Leder gemacht wird. Sie wird zwei- oder dreimal umgeschlagen, und an ihrem Ende befindet sich ein Lederband, mit dem sie zugezogen wird. Üblich ist auch die »Nabula«, die Blase eines Widders oder Kalbs. Beides wird für die Aufbewahrung von Kif-Pulver verwendet.

3 El Sabsi: Das ist ein Stab, dessen unteres Ende in eine Öffnung mündet, um das Kif zu rauchen. Er wird gewöhnlich aus Holz gemacht, aber es gibt auch Wohlhabende, die ihn aus Silber fertigen lassen. Ich kannte einen Haschischraucher, der vom Verkauf von Haschisch reich wurde und sich einen Sabsi aus reinem Gold hat herstellen lassen. Nachdem er mit seinem Handel Bankrott machte, starrte er den lieben langen Tag in die Sonne und benutzte wieder einen Sabsi aus Holz. Das ist also die Pfeife fürs Kif.

4 Das ist eine bekannte Gewohnheit unter Kifrauchern in volkstümlichen Cafés. Man trinkt auch gegenseitig aus den Gläsern, als Beweis, daß man miteinander vertraut und befreundet ist.

heimisch unter ihnen. Ich erzählte von Tetuan, Tanger, Oran, und sie sprachen über Larache. Einer von ihnen sagte: »Es heißt, wer Tanger nicht gesehen hat, den beweint die Stadt, und wer Tanger sah, der weint ihr nach.«

»Sie ist uralt, und wer sich in sie verliebt, ist verloren.«

»Die schamlose Hurerei hat alle Schönheit verdorben.«

»Aber sie ist schön, und ihre Geschichte geht über Jahrhunderte.«

Ich war zu faul, um hinauszugehen und nach etwas Eßbarem zu suchen. Immer wenn ich an die Fliegen dachte, die ich beim Hereinkommen auf den Speisen gesehen hatte, wurde mir übel, so daß ich nichts davon bestellen konnte. Meistens ekele ich mich vor keinem Essen. Die trockenen Gesichter und das Herumsitzen machten mich müde. Schläfrigkeit überfiel mich. Ich schloß die Augen, öffnete sie träge. Alles, was ich sah, schien mir bläßlich zu sein. Die meisten waren gegangen. Auch die Stühle und Tische schienen nicht mehr zu existieren. Ich warf einen Blick auf die drei geschlossenen Türen. In das Zimmer gegenüber gingen elende Figuren hinein, kamen heraus. Die beiden anderen Räume blieben meistens geschlossen. Als die Tür des einen Zimmers einmal geöffnet wurde, konnte ich als einziges Polster eine Matte erkennen. Ich dachte, Si Abdallah zu fragen, was das Schlafen in den Gruppenräumen kostete. Nein, keinesfalls, ich mußte sparen. Noch wußte ich nicht, was mich in dieser Stadt erwartete. Der Patron des Cafés klopfte mir auf die Schulter, – ich war eingenickt.

»Wir schließen.«

Drei Leute saßen kifrauchend am Spieltisch. Ich bat

Si Abdallah, bis zum nächsten Tag meinen Koffer bei ihm lassen zu dürfen. Er verlangte, daß ich ihm den Inhalt zeigte: zwei große, gerahmte Porträts, eine Hose, zwei Hemden, ein Paar Socken.

Ich schlendere in den Straßen herum. Keine Spur von einer Patrouille der Sicherheitspolizei, auch keine Wachleute, die auf Läden und Autos aufpassen wie in Tanger. Mitternacht, oder später. Ziellos streife ich umher. Es gibt nichts, was Angst macht. Milde Temperatur, Mondnacht. Eine Grünanlage entlang des Meers. Lichter funkeln auf dem Wasser. Ich denke an die Nächte in Tanger, verführerisch bis auf den Tod. An die Fischfangplätze: »Ras El Mnar«, »Malabata«, »Herkulesgrotten«, »Sidi Kankouche«, »El Marisa«, »El Raml Kal«. Hier bin ich allein. Der Mond verhüllt sich, kommt wieder hervor. Ich habe eine weiße Blume in der Anlage gepflückt, rieche daran. In meinem Innern regt sich keinerlei Gefühl. Schöne Blumen. Etwas, das nichts verströmt. Verlassene Schönheit. Sie blühen bis sie welken oder gepflückt werden, einfach so, aus Spielerei, bevor sie zertrampelt werden. Ich habe nichts, was ich in dieser Nacht fürchten müßte zu verlieren. Ich bin wie diese Blume, die ich nun zwischen den Fingern zerquetsche. Ich werde hier oder an irgendeinem anderen Platz schlafen. Die Meeresluft nimmt mir ein wenig die Schläfrigkeit.

Ich kehre zum Souk El Gabibat zurück, hocke mich im Säulengang des Platzes hin. Ich lege den Kopf zwischen die auf den Knien verschränkten Arme. Solange ich wach bin, höre ich keinerlei Schritte auf dem Platz. Keinen Gedanken kann ich festhalten. Selbst die schönsten Melodien, die ich liebe, entschwinden mir, kaum daß sie gekommen sind. Mein Verstand ist leer, wie gewaschen. Als speicherte ich keinerlei Erinnerung auf, der um ihrer Schönheit willen nachzutrauern ist. Ein leichter Schmerz im Kopf und ein Summen. Mir kommt es vor, als hörte ich die Schläge meines Herzen. Vielleicht kommt das vom Kif. Und von der Leere im Magen.

Ich wachte früh auf. Meine volle Blase schmerzte mich, mein Ding stand aufrecht. Menschentrauben ergossen sich über den Spanischen Platz. Ich kaufte ein bißchen Schurrus[5]. Auf der Toilette des spanischen Cafés spritzte mein Urin wie eine Fontäne. Hose und Hände wurden naß. Ich trank Kaffee mit Milch. Im Café saßen viele Reisende. Das von Si Abdallah war noch nicht geöffnet. Ich stieg in den Bus zum Neuen Viertel, um nach der Schule El Mutamid Ben Abbad zu suchen. Wo man hinsah, gab es nur Staub, Müll und Feigenbüsche auf vertrocknetem Boden. Statt Häuser sah ich Hütten aus Blech und Ziegeln. Die Bewohner kamen vom Land, ihre Gesichter waren schmutziggrau, wie die Lumpen an ihrem Leib. Die Kinder kackten und pinkelten dicht bei den Hütten.

Der Wächter der Schule, den ich nach dem Direktor fragte, sagte: »Warum wollen Sie mit ihm sprechen?«

»Ich habe einen Brief für ihn.«

»Geben Sie her.«

»Ich soll ihn persönlich übergeben.«

Er sah mich an, als wäre ich das letzte, das ihm unterkam, dann ging er weg, entweder um den Direktor zu fragen oder um gleich mit einer erlogenen Ausrede zurückzukommen. Er kehrte zurück, brachte mich zum Direktor. Ich gab ihm das Empfehlungsschreiben, das ich zerknüllt aus meiner Tasche hervorgeholt hatte. Er erlaubte mir, mich zu setzen und begann zu lesen. Er

5 Churros: in Öl gebackener Teig, wie ihn die Spanier machen.

lächelte. Was belustigte ihn? Hatte Hassan mich betrogen, und er spottete über mich? Der Direktor legte den Brief auf ein Aktenstück auf seinem Schreibtisch. »Von wo sind Sie?«

»Vom Rif.«

»Und wo leben Ihre Eltern?«

»Meine Mutter wohnt in Tetuan, ich bin nach Tanger gegangen, um mein Leben dort in den Griff zu bekommen.«

»Und Ihr Vater?«

»Ist gestorben.« (Mein Vater sollte erst im Sommer 1979, dreiundzwanzig Jahre später, sterben.)

»Was haben Sie in Tanger gemacht?«

Aha, das Verhör beginnt.

»Alles mögliche.«

»Wie – alles mögliche?«

»Ich habe jede Arbeit genommen, die sich fand.«

»Haben Sie jemals eine Schule besucht?«

Sein Dialekt klingt nach der Bergregion.

»Nie.«

Da stecke ich nun in der Falle. Das Blut schießt mir in den Kopf. Von einem Prüfungs-Verhör hat mir Hassan nichts erzählt. ›Du übergibst dem Direktor den Brief, und er nimmt dich in seiner Schule auf‹, das hat er zu mir gesagt. Meine Stirn ist mit Schweiß bedeckt. Ich fühle, wie kalte Tropfen aus den Achselhöhlen rollen.

»Es tut mir leid, aber ich kann Sie in dieser Schule nicht aufnehmen. Am besten, Sie kehren nach Tanger zurück. Dort können Sie sich den Lebensunterhalt wie bisher verdienen.«

»Aber ich will lieber lernen. Ich hasse das, was ich in Tanger gemacht habe.«

Er stützt die Hände auf die Umrandung des Schreibtischs, betrachtet das Empfehlungsschreiben. Er hebt den Kopf. »Wie alt sind Sie?«

»Zwanzig.«

»Wissen Sie, was Hassan vor ein paar Tagen hier in Larache gemacht hat?«

»Nein.«

»Man fand ihn betrunken mit einem Freund in der Moschee. Sie sind jetzt beide von der Schule verwiesen.«

Ich sage mir: Was mich betrifft, werde ich es mit niemandem treiben. Später erst sollte ich erfahren, daß die beiden im oberen Raum der Moschee übernachteten, dort, wo die Schüler schliefen, die kein Stipendium bekamen und keinen Wohnraum hatten. Hassan hatte mich also getäuscht. Wie einer, der sich eines fälschlicherweise vorgebrachten Verdachts erwehren will, antworte ich dem Direktor: »Ich bin nicht wie er.« Er lächelt. »Ich wußte nicht, daß er so etwas gemacht hat. Was er tat, ist Sünde.«

In Wirklichkeit interessiert es mich nicht, was Hassan angestellt hat. In Tanger hatte er zu mir gesagt: ›Ich gehe nach Tetuan, dann kehre ich nach Larache zurück.‹

»Es tut mir leid, aber in der Schulklasse, in der Sie lernen müßten, sind Kinder, und Sie haben einen Bart. Die, die älter sind, kennen meistens schon den Koran, die Garumija und Ibn Aschir.«

(Du hast recht. Und ich habe auch noch einen Bart unterm Bauch.) Instinktiv betaste ich mein Gesicht. Seit Tagen hatte ich mich nicht rasiert. Aber ich würde mich jeden Tag rasieren, wenn ich damit die Widerspenstigen fügsam machen könnte.

Ich sinniere vor mich hin: Die Propheten brauchten niemanden, der ihnen etwas beibrachte. Alles fiel fertig auf sie herunter. Aber alle anderen müssen von ihresgleichen lernen, wie die Affen.

Mit mörderischer Ruhe sagt er: »Tut mir leid.«

Die Glocke läutet. Durch das Fenster des Büros sehe ich den Hof und die Schüler, die um die Wette zu den Toiletten und Wasserhähnen laufen. Sie schubsen. Springen umher. Es kommt mir vor, als sei ich mitten unter ihnen. Zu spät – ich würde keiner von ihnen sein. Einer mit einem arroganten Gesicht kommt mit einem Bücherstapel herein. Der Direktor fordert ihn auf, mich mitzunehmen und in Mathematik zu prüfen. Die Zeit des jüngsten Gerichts ist gekommen, denke ich. Ich folge ihm in einen leeren Klassenraum. Er gibt mir Kreide und diktiert mir Zahlen. Ich weiß nicht, wie ich sie schreiben soll, wenn in der Mitte Nullen sind. Bestimmt mache ich Fehler, wenn ich die Zahlen, die er mir diktiert, der Reihe nach unter die anderen schreibe und sie einmal zusammenziehen, ein anderes Mal wieder abziehen soll. So etwas habe ich, außer im Kopf, nie zuvor gemacht, und dann diktiert er noch diese Zahlen mit Nullen, und schlimmer noch – welche mit Nullen in der Mitte.

Wir gingen ins Büro zurück. Ich fühlte mich bei diesem Lehrer nicht wohl. Affen sind freundlich zueinander, der hier war nichts dergleichen. Ich hatte das Gefühl, mich sehr angestrengt zu haben. Fünfzig Kilogramm zu heben oder einen Kilometer damit zu laufen wäre mir leichter gefallen als diese geistige Anstrengung.

Beim Direktor saß ein Mann, der einen Djilbab trug. Er fragte mich auf Spanisch nach meinem Namen, Geburtsort, Alter, nach Tanger und was ich dort gemacht habe. Als ich ihm antwortete, hellten sich seine Gesichtszüge auf.

»Wo hast du Spanisch gelernt?«

»Bei unseren Zigeunernachbarn und den Andalusiern in Tetuan und Tanger.«

Er war nicht so mürrisch wie der Rechenlehrer. Ich dachte, daß er vielleicht Spanisch unterrichtet und der Direktor ihm gesagt hat, er soll mich mündlich prüfen. Der Direktor forderte mich auf, am nächsten Tag wiederzukommen.

Ich ging zu Fuß zurück, nicht auf der befahrenen, geteerten Hauptstraße, die ich gekommen war, sondern auf einem anderen staubigen Weg. Meine Füße sanken im sandigen Boden ein. Auf beiden Seiten standen Feigendistelhecken, aus den Hütten kamen Kinder, barfuß, halbnackt, schmutzig, und magere, häßliche, zugelaufene Hunde, und Hühner, die im Kot pickten. Am Ende des Wegs war ein freiliegender, nicht mehr betriebener Brunnen, und ich ging näher heran und beugte mich über den dunklen Abgrund. Die tiefe Stille verlockte dazu, sich fallenzulassen – das Schweigen, das all mein Elend in mir weckte: mein endloses, ewiges Schweigen. Ich holte einen großen Stein, an dem ich schwer zu schleppen hatte, und warf ihn in den Abgrund. Mit dumpfem Hall schlug er auf dem trockenen Grund auf, dann war es wieder still, und ich blickte in die Finsternis hinab, aus der ein widerlicher, warmer, abgestandener Geruch aufstieg. Ich trat von dem stinkenden Loch zurück. Der Hall des Aufpralls dröhnte mir noch eine Zeit in den Ohren, machte mir die Härte des Aufschlags vorstellbar. Ich war kein Stein. Ich würde blutend auf dem Grund des Brunnens liegenbleiben und immer schwächer werden. Das Scheußlichste wäre, nicht gleich zu sterben. Schnell ging ich davon. Der Hall des Aufpralls zog mich mit gewaltigem Zauber an, und ich mühte mich, Widerstand zu leisten, bis mich schließlich ein Baum rettete, unter dessen üppigem Schatten ich mich ausstreckte.

Mir fiel der junge Mann ein, der sich auf die Felsen im Hafen von Tanger hinabgestürzt hat. Seine Mutter kam aus der Fahs-Wüste, ging auf den Friedhof und erzählte dem Wächter von der Tragödie ihres Sohns.

»Ich weiß nichts von dem, was du da erzählst. Man hat in den letzten Tagen viele Tote beerdigt. Geh zur Provinzbehörde, die für die Registrierung der fremden Toten verantwortlich ist. Geh hin und erzähl ihnen vom Tod deines Sohns. Dort werden sie dir die Nummer des Grabes sagen, falls sie sie kennen.« »Ach, was sind das für Zeiten! Da bleibt mir von meinem geliebten Sohn Abdelwahid nichts außer einer Nummer – ›falls sie sie kennen‹.«

Eine unglückliche Frau. Sie richtete das verhärmte Gesicht gen Himmel, weinte und bat Gott demutsvoll, ihrem Sohn seinen Frevel zu verzeihen. Beweinte ihn bis zur Ohnmacht, erwachte, besessen von der Erinnerung an ihren Sohn und zog von dannen, zurück in ihr Dorf. Ich dachte daran, daß auch meine Mutter eine unglückliche Frau war: Sie betete für mich, flehte Gott demütig an, mich vor allen Widerwärtigkeiten zu bewahren.

Wenn der Herr entflieht, stirbt der Diener.

Arbeiter und Herumlungerer auf dem Spanischen Platz. Stimmen, die erbittert schreien: »Nieder mit dem Pascha!« und: »Nieder mit den Verrätern!«

Sie stürzen zum Haus des Paschas mit dem Ruf: »Peitschende Rotten, der Pascha unter die Botten[6]!«

6 Botten = Schuhe

Der Pascha der Stadt war bereits auf den Markt »Thalatha El Risana« gegangen und hielt dort für die Bauern eine Rede. Die behagte denen gar nicht, und so beschimpften sie ihn, warfen mit Steinen und schlugen mit Stöcken um sich, woraufhin die Wache das Feuer eröffnete.

»Bestimmt hat er zu ihnen wie vor der Unabhängigkeit gesprochen[7].«

»Sieh nur, sie strömen wie Ameisen in Scharen herbei!«

Der Marsch setzte sich mit Getöse in Gang: Männer, Frauen, Kinder. Die »Ordnungshüter«[8] umzingelten die Demonstranten, regulierten den Ablauf und die gegen den Pascha gerichteten Rufe. Die marokkanische Fahne, die sie in den Händen hielten, sollte ihre Macht bekräftigen.

»Von der Sicherheitspolizei ist keiner zu sehen.«

»Ich glaube nicht, daß sie kommt. Es gibt den Befehl, nicht einzuschreiten. Jetzt wissen alle, daß der Pascha gegen die Unabhängigkeit ist.«

Die Kinder wiederholten die paschafeindlichen Rufe der Großen. Kreischend schlugen sie auf irgendwelche imaginären Personen ein. Fürs Töten kannten sie die verschiedensten Waffen: Ein Stein war in ihrer Vorstellung eine Bombe, und die ballerten sie ab – bumm, bumm, bumm! Ein Stock stellte für sie einen Dolch oder einen Revolver dar, ein Knüppel diente als Flinte

7 Der Pascha war ein Agent des spanischen Kolonialismus.

8 In Tanger kam es gleich nach der Unabhängigkeit vor, daß einige besonders Ordnungsbegeisterte sich das Recht herausnahmen, sich mit militärischer Kleidung herauszuputzen, was nur ein Stück sein konnte (Hose, Jacke oder Hut) oder auch ein ganzer Anzug von den See-, Land- oder Lufttruppen, gekennzeichnet mit dem Offiziersrang und der marokkanischen Fahne. Sie hatten sie bei den Matrosen der amerikanischen Kriegsschiffe gegen Dinge des traditionellen marokkanischen Kunsthandwerks getauscht. Die Behörden schritten dagegen nicht ein; in jenen Tagen war vieles erlaubt.

oder Maschinengewehr. Sie führten sich viel aggressiver auf als die Erwachsenen. Der Demonstrationszug machte vorm Haus des Paschas Halt. Rufe erschollen: »Liefert euch aus!«

Ein Schuß in die Luft. Abgefeuert aus einem der Fenster des Hauses. Die Menge drängte zurück. Einer schrie: »Habt keine Angst! Man will uns nur einschüchtern!«

Einer der »Ordner« holte einen Revolver heraus, ein anderer trug ein altes Gewehr, und beide gingen in ein Haus, das dem des Paschas gegenüber lag. Es gab einen Schußwechsel mit denen im Haus[9]. Sie trennten sich, flohen, kehrten zur Menge zurück. In der Nähe des Hauses des Paschas hatte sich auf dem Bürgersteig eine spanische Division aufgestellt, die von einem Hauptmann befehligt wurde.

»Sie trauen sich nicht. Sie können nicht auf uns schießen. Sie versuchen nur, uns Angst zu machen. Wir werden das Haus anstecken.«

Einige gingen los, kamen mit Benzinkanistern zurück, legten Feuer auf dem Vorplatz des Hauses. Die Schüsse stoppten. Plötzlich öffnete sich die Tür, und ein Diener des Paschas, der sein Gewehr über dem Kopf hielt, erschien. Er war schwarz und riesig. Die Menge rief: »Rabah! Rabah! Das ist Rabah!«

Der Hauptmann versucht, die Menschen davon abzuhalten, sich auf den Diener zu stürzen. Aber sie stürmen los wie Wahnsinnige. Rabah wirft sein Gewehr auf die Erde, Blut fließt über sein Gesicht, doch kein

9 Das Feuer kam aus mehreren Fenstern des Gebäudes des Paschas. Später stellte sich heraus, daß außer Rabah, der als Diener des Paschas in der Stadt berühmt war, sich niemand im Haus befunden hat. Die Leute dachten zunächst, daß der Pascha noch da wäre, und erst später erfuhren sie, daß er mit seiner spanischen Frau via Tetuan und Sebta nach Spanien geflohen war, und zwar unter dem Schutz der Spanier, was so weit ging, daß die Telefonleitung zwischen Tetuan und Larache unterbrochen wurde.

Schrei ist zu hören. Sie krallen sich an seiner Kleidung fest, bohren ihre Fingernägel in sein Fleisch. Sie dreschen mit Knüppeln auf ihn ein. Er taumelt unter den brutalen, wahnsinnigen Schlägen, dann sinkt er nieder. Aufgebrachte Menschen stürmen los, um ihn in Stücke zu reißen. Man zerrt ihn mitten auf die Straße. Die Frauen stoßen Freudentriller aus. Die Kinder jauchzen laut. Mitten aus der Menge bricht ein Mann heraus, der all ihren Wahnsinn in sich vereinigt. Er schlägt dem Diener eine Flasche Öl über den Schädel, jemand anders zündet einen ölgetränkten Knüppel an und wirft ihn auf ihn. Alles jubelt wie wahnsinnig vor Freude. Ein Fest von Wilden. Jauchzer und Wutschreie für das Opfer.

»Tod diesem Schwein!«

»Tod diesem Hund!«

»Tod! Tod!«

Bebend wälzt er sich auf dem Boden, und sein Körper ist eine einzige entsetzliche Fackel. Er wird schwächer. Der Geruch von menschlichem Fett ist ekelhaft. Ein bröckliger Kohleklumpen, in dem sie mit Messern, Beilen und Fingernägel herumstochern. Sie reißen ihn in Stücke. Eine Frau hat den Unterschenkel erwischt, an dem noch ein bißchen Fleisch ist, sie beißt wie eine Wilde hinein, bevor sie den Knochen in einen Fetzen, den sie von ihrem Kleid abgerissen hat, dem Wahnsinn gleich, einwickelt, sich unter die Achsel klemmt und verschwindet.

»Was will sie mit dem Knochen?«

»Sie wird ihn als Zaubermittel für ihren Mann nehmen, damit er sie nicht schlägt oder sich in eine andere Frau verliebt oder sich von ihr scheiden läßt. So sagt man hier.«

Nach wenigen Augenblicken ist vom Leichnam

nichts außer Resten von Gedärmen übrig. Der Fettgestank ist zum Kotzen. Die Leute holen die Möbel aus dem Haus heraus, türmen sie auf der Straße übereinander. Plündern und Brennen. Sie legen Feuer an Möbel und Bücher. Plündern und Brennen. Die Ordner schreien die Tobenden an: »Nicht die Bücher! Verbrennt sie nicht! Wir bringen sie in die Parteizentrale![10]«

Rauchwolken steigen vom Haus her auf. Freudentriller der Frauen, Schreie der bösartigen Kinder, und die zivilisierten Spanier schauen dem Geschehen von den Fenstern und Balkons ihrer Häuser schweigend zu.

Die spanischen Soldaten haben sich keinen Schritt von ihrem Platz auf dem Bürgersteig wegbewegt. Die Demonstranten rennen grüppchenweise in Richtung anderer Häuser von Pascha-Agenten. Ein Lastwagen und ein Jeep treffen ein; man beginnt, die Bücher und wertvollen Möbel, die noch nicht oder nur halb verbrannt sind, aufzuladen. Die Ordner versperren denen den Weg, die Möbel wegschleppen, nehmen sie ihnen weg. Manch einer hat sich seine Klamotten ausgezogen und sich vom Kleiderhaufen bedient. Man stürmt das Haus eines Agenten in der Barcelona-Straße. Niemand ist drinnen. Also klaut man und legt Feuer. Wie im Wahnsinn läuft man zum Haus eines anderen, der des nationalen Verrats verdächtigt wird. Beim Bab El Gabibat taucht eine tobende Menge auf, die einen alten, bewußtlosen Mann auf dem Boden hinter sich herschleift und mit Messern auf ihn einsticht. Der Alte ist halbnackt, seine Augen sind verdreht[11]. Ein Klumpen

10 Die Unabhängigkeits-Partei.

11 An jenem Tag reichte es aus, daß jemand, der von einem der Demonstranten des Verrats verdächtigt wurde, auf der Stelle verbrannt wurde. Der Alte (Scherif Sumati) war ehemals Caid im Dorf Chamis El Sahel. Später wurde erzählt, daß einer der Demonstranten ihm Geld schuldete, und da er nicht bezahlen konnte, plante er den Anschlag, um ihn loszuwerden.

Fleisch, der nichts Menschliches mehr hat. Sie fesseln ihn an Händen und Füßen und binden ihn an einen Baum, gegenüber vom Bab El Gabibat. Man gießt Öl über ihn, und dann wird er angezündet. Beifallsrufe, Jauchzer, Triller, Freudensprünge. Der Gestank menschlichen Fetts breitet sich auf dem Spanischen Platz aus. Die Augen des Alten treten hervor. Sie rollen in den Höhlen. Sein Körper erschauert. Die Spanierin, die Schurrus-Verkäuferin, schreit (ihr Laden liegt neben dem Bab El Gabibat, gegenüber vom Baum mit dem Aufgehängten): »O Gott! Nein! Nein! ... Nein!«

Sie wird ohnmächtig. Es hieß, sie starb an Herzschlag.

Bis auf ein paar Stadtstreicher, die im Haus des Paschas und in den Häusern der Agenten Reste der verbrannten Sachen sammelten, leerten sich am Abend die Straßen. Vor dem Baum hielten zwei Autos: das der Ersten Hilfe und das der Sicherheitspolizei. Die Männer vom Rettungsdienst trugen Masken und Gummihandschuhe. Sie packten die verstreuten Reste des Leichnams in eine Kiste, während die Sicherheitsleute den Platz überwachten. Sie spritzten schäumendes Pulver auf den verbrannten Baum und den Boden, und ein Teil des Platzes füllte sich mit widerlich riechenden, stickigen Wolken. Aber der Gestank menschlichen Fetts war stärker: Er blieb den Leuten in der Nase stecken.

# Der erste Unterricht

Der Direktor führt mich in Raum 1 und stellt mich dem Lehrer vor. »Si Mohamed, der Bursche wird bei Ihnen lernen.«

Sie gehen vor die Tür, sprechen miteinander. Bestimmt reden sie über mich. Garantiert hat der Direktor mich nur zur Probe in die Klasse gebracht. Nach ein paar Tagen wird er sagen: »Du kannst hier nicht weiterlernen. Es ist besser für dich, nach Tanger zurückzugehen.«

Die Schüler flüstern, während sie mich prüfend mustern. Ich komme mir vor, als sei ich ein Eindringling. Nie zuvor haben mich mehr als vierzig Personen von unten bis oben angestarrt. Im Saal gibt es Schüler in meinem Alter, aber die können schon lesen und schreiben. An der Tafel steht etwas geschrieben, sie haben Hefte vor sich. Später würde ich erfahren, daß die älteren Schüler vom Land stammen.

Der Lehrer kommt wieder herein und weist mir einen Platz in der Mittelreihe zu, neben dem kleinsten Schüler der Klasse. Es gibt drei Reihen im Raum; rechts von mir sitzen auf den vordersten Plätzen vier vollbusige Schülerinnen.

Der Lehrer sagt: »Das ist ein neuer Kamerad. Versucht, mit ihm zusammenzuarbeiten.«

Flüsternd sehen sie zu mir hinüber, rutschen auf ihren Plätzen herum. Der Lehrer schlägt mit dem Lineal auf den Tisch. Sie schweigen. Die meisten sind mit einem Djilbab bekleidet. Sie schauen verblüfft drein. Es ist leicht für mich, die Beduinen von den Städtern zu unterscheiden – an den Gesichtszügen und an ihrem Äußeren. Sie übertragen jetzt das, was an der Tafel steht, in ihre Hefte. Was machen sie da wohl? Vor mir ist mein Heft und mein Stift, und beide warten, daß ich die erste Lektion beginne. Die Rätsel der Welt wechseln hinüber auf die Heftseite meines Tischgefährten, doch meine Seite bleibt weiß. Ich schaue mich um und denke: Sie schreiben behende. Wird mich der Direktor das gleiche lernen lassen? Wenn nicht, dann gehe ich garantiert nach Tanger zurück und habe wieder meine professionellen Kumpel des Lasters um mich, wenn auch ohne zu erfahren, was in dieser Welt – mittels Zeichen – vor sich geht. Aber da ich nun einmal gekommen bin, muß ich auch lernen. »Das wirkliche Leben gibt es nur in Büchern«, hat mal jemand in Tanger gesagt.

Der Lehrer geht langsam durch den Saal, sieht auf das, was einige schreiben, bleibt aber nicht stehen, kommt an meinen Tisch. Ein ruhiger Mann, freundlich. Kein Zweifel, er hat nie mit Hurensöhnen gelebt. Er beugt sich über mein Heft und schreibt auf die zweite Seite Wörter: jedes auf eine Zeile. Leise spricht er sie vor sich hin, dann fordert er mich auf, jedes Wort so oft dahinterzuschreiben, bis die Zeile voll ist. Mein kleiner, dünner, sanfter Tischnachbar hört nicht auf, in mein Heft, auf mich und meine Hand zu schauen, seit er mitbekommen hat, mit welcher Mühe ich jedes Wort zu schreiben versuche. Meine Hand zittert. Seine verstohlenen Blicke bewirken, daß ich noch mehr zittere und mich noch stärker verkrampfe. Erst zwei Tage später erfuhr ich, daß ich in der dritten Klasse war[1].

1 Die dritte Klasse wird heute erste Mittlere genannt.

Drei Zeilen habe ich vollgeschrieben. Ich strecke den Arm aus, sehe zum Lehrer hinüber, der durch die Reihen geht oder an einzelne Schüler herantritt, die noch mit dem Abschreiben beschäftigt sind. Einige sind schon fertig. Er kommt zu mir, wirft einen Blick auf das Geschriebene.

»Gut. Du wirst es bald lernen, so Gott will.«

Dann fordert er meinen Nachbarn auf, mir weitere Wörter aufzuschreiben. Die Schüler beginnen zu flüstern. Der Lehrer richtet sich auf und umfaßt mit einem Blick die Klasse. Sie schweigen. Mein Nachbar freut sich weit mehr als ich; es ist seinen Augen und Bewegungen anzusehen. Ich habe das Gefühl, daß ich von allen der Verächtlichste bin. Ich kenne doch nur die paar Buchstaben, die mir Hamid damals in Tanger beigebracht hat. Mir wird traurig zumute. Ich fühle mich schuldig. Ich gehöre nicht hier her. Ich komme aus der Sippe der Zuhälter, Diebe, Schmuggler, Huren. Aber hier fühle ich mich wie an einem geheiligten Ort, den ich beschmutze. Doch vielleicht gibt es unter den Schülern welche, die die Kinder dieser Unglückseligen sind. Ich beginne mich selbst zu trösten. Dann stürze ich eben ins Fegefeuer. Wenn die da, die anderen, nicht hergekommen wären, dann hätten sie vielleicht das gleiche Leben wie ich geführt. Während ich mich also verteidige, selbst unter der Gefahr, daß ich etwas Falsches über die anderen denke, läßt meine Niedergeschlagenheit nach. Ich ringe mit der Entscheidung, entweder hier zu bleiben oder nach Tanger zurückzugehen. Fauliger Sumpf erwartet mich dort oder an jedem anderen Ort, also werde ich hierbleiben, selbst wenn das Blau des Himmels auf ewig für mich verschwindet.

Mein Tischnachbar schreibt mir Wörter auf, murmelt sie leise vor sich hin wie der Lehrer. Ich danke ihm, und meine Hand zittert. Erneut strenge ich mich an, versuche, seine schöne Handschrift nachzuahmen. Seit diesem Augenblick lerne ich von den Schülern mehr, als von den Lehrern.

## Im Speisesaal

Wir rennen um die Wette, wer den ersten Platz in der Reihe bekommt. Ein Lehrer überwacht uns, jeder eine Woche lang, beim Frühstück und beim Mittagessen. Dann ist ein anderer Lehrer dran. Die Mädchen haben ihre eigene Reihe, sie gehen vor uns in den Saal. Besonders schöne sind nicht dabei. Eine ist halbwegs hübsch. Kichern und Gemurmel vermengen sich mit dem Geklapper der Löffel und Teller. Der wachhabende Lehrer spaziert im Saal herum. Manchmal dreht er uns den Rücken zu, weil er vor die Tür tritt und auf den leeren Hof schaut. Da machen wir dann mehr Lärm, werden immer lauter, so daß er schreit und schimpft: »Ihr Esel! Wer nicht essen und ruhig sein will, der soll den Saal verlassen.«

Dann raucht er auf der Schwelle seine Zigarette weiter. Das ist der mürrische Lehrer, der mich im Rechnen geprüft hat. Die Armut entstellt unser Aussehen. Sie hat uns nichts außer dem gelassen, was uns noch gerade als menschliche Gattung ausweist. Vielleicht werden sie einmal schön sein – die Mädchen, wenn sie in der Zukunft ihre Armut überwinden. Zuerst kommt die Suppe, Hülsenfrüchte. Die Teller stehen schon auf dem Tisch. Fliegen fallen hinein. Es bleibt uns nichts anderes übrig, als die toten oder noch ums Leben kämpfenden aus dem Teller zu fischen. Die noch Zappelnden ertränkt man, wenn man sich nicht ekelt, in der Brühe, um die Bazillen zu töten. (Manche Leute sind davon überzeugt, daß in einem der Flügel der Bazillus sitzt und im anderen das, was ihn vernichtet.) Ich frage mich noch immer, wer dieses schlaue Rezept für Fliegen erfunden hat, das sie in Speisen und Getränke von Hungrigen fallen läßt. Vielleicht geschieht es, um die Fliegen weniger leiden zu lassen. Vom letzten Teller, der hingestellt wird, steigt Dampf auf. Ich versuche immer am Ende des Saals zu sitzen, damit ich, wenn ich an den vorderen Tischen vorbeigehe, ein Stück Brot stehlen kann. Das Essen reicht uns, den Großen, nicht. Wir sammeln selbst hinuntergefallene Brocken auf, und nutzen es schamlos aus, wenn Kranke, ob an- oder abwesend, keinen Appetit haben, und stürzen uns auf den Überfluß. Den ersten Teller verschlingen wir noch vorsichtig, denn da sind manchmal Steinchen drin. Ich weiß noch, wie einer von uns ein Stückchen Glas im Reis hatte und Blut spuckte. Beim zweiten Gericht gibt es ein Spiegelei oder Fisch mit Tomatensauce oder ein Stück Fleisch. Meistens ist es hart oder so zäh, daß wir fürchten, es könne beim Schlucken in der Kehle steckenbleiben. (Wir sind es zufrieden, darauf herumzukauen, zu saugen und es auszuspucken.) Hülsenfrüchte und Gemüse sind der Hauptbestandteil unserer Nahrung. Ich fange drei oder vier Fliegen draußen vor der Schule. Ich wickle sie in ein Stück Papier ein, um sie dann in einen – oder zwei – Teller in der Nähe von meinem Tisch zu werfen. Manchmal fange ich sie, damit ich nicht zu spät komme, auf der Toilette. Es gibt keine schmutzigen oder sauberen Fliegen. Obwohl ich die Fliegen so heimlich wie möglich in die Teller schmeiße, beobachten mich einige Kameraden. Keiner verrät mich. Dafür erwischte mich der wachhabende Lehrer höchstpersönlich, als ich Brot klaute. Er gab mir ein paar Ohrfeigen und verbot mir für drei Tage den Speisesaal. Einige Schüler standen mir bei und sparten für mich von ihrer Ration Brot und Fisch auf, auch kleine Fleischstücke. Der Lehrer war gerechter als mitleidig.

Wir respektieren unsere Armut und helfen uns gegenseitig. Fast alle von uns sind arm. Unsere Armut wird von den Ausbeutern als naturgegebene Sache betrachtet.

Nach der Anstrengung des Essen brauche ich Schlaf, den ich mir nachts nicht gönne. Außerhalb des Schulgebäudes steht eine Betonbank, unmittelbar an einer der Mauern. Manchmal schlafe ich so tief, daß ich eine oder auch alle Unterrichtsstunden verpasse.

Im Viertel gibt es einen Krüppel, der in Mathematik allen Schülern überlegen ist. Wahrscheinlich ist er sogar besser als mancher Lehrer. Jedenfalls sagen das die Schüler der Abgangsklasse. Der Krüppel hat die Grundschule beendet, aber bei der Prüfung für die Sekundarschule hat er nicht mitgemacht. Seine Mutter ist tot, sein Vater hat vor Jahren die Stadt verlassen und sich nie wieder blicken lassen. Keiner weiß, was aus ihm geworden ist.

Seinen Krüppel ließ er bei einer taubstummen Tante, die den Lebensunterhalt damit verdient, daß sie am frühen Morgen den Müll durchsucht und mit Gottes Hilfe durch Betteln am Bahnhof etwas dazubekommt. Er macht die Rechenaufgaben, und wenn die Schüler ihn etwas fragen, zeigt er ihnen mehrere Wege, mit denen die Aufgabe gelöst werden kann. Weil die Schüler seine mathematische Klugheit schätzen, geben ihm manche einige Centimos, ein paar Zigaretten oder etwas zu essen.

Manchmal schließen sie Wetten wegen einer Lösung

ab, und dann teilt der Gewinner mit ihm den Einsatz. Er bietet uns seine Hilfe immer ohne Entgelt an. Wenn ich Glück habe und an ein paar Peseten herankomme, kaufe ich ihm blonde Zigaretten, weil er die den schwarzen vorzieht. Ich kaufe sie von einem der fliegenden Händler in der Stadt, weil die sie auch einzeln abgeben.

Ich gehe zu einem Feld, das dicht bei der Schule ist, lege mich in den Schatten eines Baums und rauche die Stummel, die ich, wenn ich völlig blank bin, in den Straßen auflese. Ich stelle mir vor, daß die vorbeiziehenden Wolken riesige Fabeltiere sind. Ich denke an nichts oder hole mir die genüßlichsten Erinnerungen an Tanger ins Gedächtnis zurück: solche an Schenkel, runde Hintern, schwellende Brüste, und dann onaniere ich. Die Mischung von solcherlei Erinnerungen, die mich immer wieder überfallen, versetzen mich in einen Halbschlaf, aus dem ich erwache, als hätte ich Stunden geschlafen. Es gibt einen christlichen Friedhof, auf den ich oft gehe. Ich spaziere auf den Wegen zwischen den Gräbern, und genieße es, die Namen und Inschriften auf den Steinen zu lesen zu versuchen, auch dann, wenn ich die Wörter zwar lesen kann, aber nicht verstehe. Ich weiß nicht, was mich immer wieder dazu treibt, auf Friedhöfen spazierenzugehen. Ist es wegen des Friedens, der da herrscht, oder liegt es daran, daß ich es mal gewöhnt war, auf einem Friedhof zu schlafen? Oder ist es die Liebe zum Tod?[1]

1 Ich habe noch immer diese Angewohnheit. Einige Kapitel von dem, was ich geschrieben habe, dazu gehört auch der erste Teil meiner Biografie *Das nackte Brot* und das, was ich jetzt schreibe, sind auf jüdischen, christlichen und islamischen Friedhöfen entstanden, vor allem auf denen in Tanger, deren Alter aufs neunzehnte Jahrhundert zurückgeht. Vielleicht kommt es daher, daß die alten Friedhöfe einen mehr inspirieren oder ich den alten Tod liebe!

# Eine verbrannte Laus riecht nach Mensch

Hassan ist von Tetuan zurückgekommen. Das Problem der Wiederaufnahme an der Schule hat er bereits mit dem regionalen Vertreter des Bildungsministeriums geregelt. Mit fünf oder sechs anderen Burschen treffen wir uns immer im Café Si Abdallah. Alles Leute, die an der Schule lernen. Einige verfügen über ein Stipendium von außerhalb, andere nicht. Am Ende der Woche bekommen sie von ihren Familien, was sie für den täglichen Bedarf brauchen, manche fahren auch in ihre Heimatstadt. Hassan hat sich nie auf seine Familie verlassen. Er und seine Brüder haben schon vor Jahren das Geschäft ihres Vaters ruiniert, noch bevor sie unter sich das aufteilen konnten, was nach seinem Tod geblieben war. Hassan kauft in den Warenhäusern Kurzwaren wie Garnrollen, Nadeln, auch Schokoladentafeln und verkauft sie wieder in den kleinen Läden in El Gabibat oder sonstwo. Einmal, als ich ihn begleitet habe, kaufte er bei einem jüdischen Kaufmann Garnrollen, die er, nur wenige Meter weiter, einem marokkanischen Händler zum doppelten Preis andrehte.

Wir rauchen Kif, weil es billiger und von der Wirkung her stärker als Zigaretten ist. Ich lebe von kleinen Almosen der Zailachi-Brüder und anderer Kunden des Cafés, allesamt arm wie wir. Sie gehen mit mir den Schulstoff durch, den ich zu lernen habe, oder wiederholen mit mir, was in meinen Heften steht. Hassan hilft mir gern beim Aufsatz, beklagt sich nie. Ich mache viele Fehler, aber beim Behandeln der Themen bin ich gut. Wenn ich ihn nach einer Grammatikregel frage, sagt er: »Kümmere dich nicht darum, ob der Konjunktiv oder Indikativ falsch sind. Wichtig ist, daß du schreiben und lesen kannst. Manch einer kann die grammatikalischen Regeln auswendig hersagen, aber wenn er schreibt oder liest, macht er trotzdem Fehler, obwohl er alles aus mehr als einem Nachschlagewerk weiß.«

Ich überlegte: Ist das, was Hassan sagt, richtig, oder entschuldigt er damit nur seine Unkenntnis der Grammatik? Später begriff ich, daß er recht hatte. Mailudi wiederholt mit mir Spanisch, das er besser als Arabisch kann. Er gehört zu den faulsten Schülern des Instituts und zu den stärksten Kifrauchern unter uns. Am Abend überfällt mich ein solcher Hunger, daß ich völlig blödsinnig werde und mein Herzschlag durcheinandergerät. Das Abendbrot in der Schule ist schon verdaut, bevor es dunkel wird. Das Kif verstärkt nur noch den Hunger, aber ich muß es haben, um Sorge und Unruhe zu betäuben. Am Morgen erscheine ich selten zur vorgeschriebenen Frühstückszeit. Ich schlafe nicht gut, wegen des Hungers und der Kälte, und weil mich meine schmutzige Haut und mein Haar jucken und ich nachts zuviel herumlungere. Endet für die vom Glück Begünstigten auf der Straße die Nacht, dann fängt meine unglückliche Nacht dort erst an. Oft genug heben mir die Kameraden ein paar Stücke Brot auf, die ich lustlos mit etwas Wasser hinunterschlinge. Die Entfernung zwischen Stadt und Schule beträgt zu Fuß eine Viertelstunde oder mehr. Im Winter bin ich noch verzweifelter. Am Abend gehe ich ins Wohltätigkeitsheim. Ungefähr eine Viertelstunde Fußmarsch. Offiziell bin ich fürs Essen nicht eingetragen. Der Verantwortliche im Saal gibt mir aus Mitleid einen kleinen Brotlaib, zwischen dessen Hälften er eine dünne Scheibe Fleisch mit Sauce oder ein Stück Fett oder auch geräucherte Sardinen legt. Bei Regen bleibt mir nur ein Baum, durch dessen Zweige es tropft, als Unterschlupf. Manchmal ist der Verantwortliche nicht da, und dann kehre ich noch hungriger als sonst zurück und verfluche unterwegs jeden, den ich essen sehe. Einmal bin ich am Freitag zur Mittagszeit dort hingegangen. Kuskus ist ein Gericht, das mir noch nie schmeckte, und dazu eingeladen zu werden, habe ich immer vermieden. Vielleicht deshalb, weil die Trauergäste nach dem Begräbnis meines Onkels in den Tagen der Hungersnot im Rif Kuskus mit Kaldaunen gegessen haben. Ich war damals sieben Jahre alt. Jedenfalls lud mich der Verantwortliche zum Mittagessen mit den Heiminsassen ein. Ich saß mit vier alten Leuten am Tisch. Ihre Greisenhaftigkeit und Gebrechen fand ich ekelerregend. Dabei gehören sie zu den Menschen, die am meisten Mitleid und Menschlichkeit brauchen: Einer hatte nur ein Auge, ein anderer einen schiefen Mund, aus dem Spucke floß, der nächste war zahnluckert (ohne Zähne), und dem letzten zitterte die Hand. Abgesehen von noch anderen Behinderungen, machte mir ihre Häßlichkeit zu schaffen. Es würde das erste und letzte Mal sein, daß ich dort aß. Sie starrten mich an, während sie die Bissen voller Wonne schmatzend durchkneteten. Ich genierte mich, weil ich keinerlei Gebrechen hatte. Die Bedienung stellte mir meinen Teller hin. Hastig aß ich das Gemüse. Der Kuskus und die gummiartige Fleischscheibe, die ich nicht, wie in der Schule, ausspucken konnte, schmeckten mir nicht. Die Alten schluckten sie einfach nach verzweifeltem Kauen hinunter. Ich fragte mich, wie sie das verdauen konnten! Ich holte mein Taschentuch heraus, tat, als wischte ich mir den Mund, und dann spuckte ich den Gummiklumpen hinein. Der Verantwortliche gab mir trockenes Brot zum Abendbrot mit, und als ich hinausging, war in meinem Magen die Hölle los. Fast hätte ich, noch bevor ich die Türschwelle erreichte, gebrochen. Auf dem Weg in die Stadt wurde ich die greisen Gesichter nicht los. Als wären sie aus einer Höhle hervorgekrochen, in der sie sich eine Weile versteckt gehalten hatten. Es sind nicht Dinge, die Ekel bei mir hervorrufen, sondern verunstaltete Menschen. In meinem Magen rumorte es. An einen Baum würgte ich den ganzen Inhalt heraus, bis ich nur noch Luft im Magen hatte. Meine Augen tränten, und mir war schwindlig. Ich ruhte mich kurz aus, dann machte ich mich wieder auf den Weg. El Salhami würde wohl nicht mit einem Fisch geizen, auf den mir mein kleines Stück Brot Appetit machte.

Die Sehnsucht nach meinem verfluchten Tanger macht mich traurig. Selbst die elendsten Verhältnisse, unter denen ich dort lebte, haben jetzt einen verlockenden Geschmack. Kaum habe ich diese Stadt verlassen, schnürt mir eine wahnsinnige Sehnsucht das Herz nach ihr ab. So wie damals, als ich in Oran war und mich nach Tetuan sehnte. Meine Kleidung ist schmutzig und abgerissen. Alles an mir stinkt. Läuse haben sich eingenistet. In meine Schuhe dringt Wasser. Meine Haare stehen zu Berge und kleben vor Dreck. Ich kratze mich unaufhörlich, und unter meinen Fingernägeln bleibt der schwarze Dreck hängen. Wenn ich die Haare nach vorne kämme, um Schuppen und Staub herauszubekommen, fallen vom Kamm muntere schwarze Läuse. Bei jedem Kämmen sind es mindestens drei oder vier fette Läuse, die sehr aktiv sind. Ich nehme einen kleinen Stock, treibe sie zusammen, und wenn ich sie auf einem Stück Papier habe, verbrenne ich sie und höre vergnügt dem Knistern zu.

Ich bleibe im Café, bis es schließt[1]. Nach Mitternacht streife ich durch die Straßen und warte darauf, daß Gottes Tor (die große Moschee) zum Morgengebet geöffnet wird. Dort schlafe ich in einer Ecke auf einer Matte, die nach Schweiß stinkt, weiter. Der Wächter, der kaum noch sehen kann, oder irgendein vorbeikommender krächzender Moscheeler, rütteln mich aus meinem Schlummer auf und verscheuchen mich mit den Worten: »Das ist ein Ort des Gebets und der Andacht, nicht aber zum Schlafen.«

Ich bitte ihn inständig, mich liegenzulassen. Bleibt er hartnäckig, verfluche ich laut und deutlich die Fotze seiner Mutter und den Stamm seiner Ahnen, bevor ich barfuß, mit den Schuhen in der Hand, hinaus auf die Straße gehe.

Eines frühen Morgens hatte ich mich wieder einmal in einer Ecke zusammengerollt. Plötzlich fühlte ich, wie jemand über mich stolperte und auf mich fiel. Ich schreckte auf und fluchte zornig los. Es war der blinde Muchtar El Haddad. Ich hatte schon von ihm gehört. Schüler im Religionsinstitut. Bekannt für seine Urkunden im Studium. Überragend in der arabischen Sprache und ihren Regeln. Kennt den Koran, die Prophetentradition und die arabische Dichtung, die verfluchte und die abgesegnete, auswendig. Er war sehr bekümmert und entschuldigte sich bei mir. Als er erfuhr, daß ich Schüler bin, holte er aus der Tasche seines wollenen Djilbabs das Buch »Die drei Klagen der Liebenden«

1 Solange das Café geöffnet ist, läßt mich der Patron auf der Bank liegen, und trotz des Lärms der Kartenspieler schlafe ich mit meinen Heften unter dem Kopf ein. Am frühen Morgen sind die Hefte voller Blutflecken und zerquetschter Wanzen.

von Zaki Mubarak heraus. Er schlug mir vor, gemeinsam auf seine Kosten im Café Central zu frühstücken und das Buch zu lesen. Es war Sonntag. Draußen erzählte ich ihm ein wenig von mir, und wie ich dazu gekommen war, in Larache zu lernen. Wir trösteten uns gegenseitig. Bei jedem Wort, das ich oder er sagte, stöhnte er. Er war auch elend dran, aber kein solcher Vagabund wie ich. Eine Waise. Sein Vater hat nicht ihn und er nicht seinen Vater verflucht. Bestimmt war Gott froh über unsere Begegnung. Er hatte einen älteren Bruder, der für die Familie sorgte, und einen jüngeren, der noch lernte. Mehrmals wiederholte er im Gespräch mit mir, in Hocharabisch: »Alles nicht so schlimm.«

Er weiß, wohin die Straßen führen, kennt die Bürgersteige und Bordkanten. Beim Hinüberwechseln auf die andere Seite stoppt er mich an der Kante. Er schaut nach rechts und links, als sei er es, der mich führt, und dann sagt er: »Los, jetzt können wir!«

Er sieht mit den Ohren. Ich lasse ihn handeln, als sei er allein. Wir kaufen Schurrus und gehen zum Café Central. Nach dem Frühstück beginne ich, ihm aus den Klagen der Liebenden vorzulesen. Wenn ich ein schwieriges Wort nicht aussprechen kann, hilft er mir und fordert mich auf, das Wort mehrmals zu lesen. Er sagt: »Arabisch ist eine klingende Sprache.«

Ich spreche vom Jahr '57. In den Achtzigern habe ich ein Buch mit dem Titel gelesen »Arabisch – ein klingendes Phänomen«.

Er erklärt, dekliniert oder konjugiert ein schwieriges Verb. Das ist der Mann, der mein wahrer Lehrer sein wird und dem ich als ständiger Vorleser folge. Zum Teufel mit den Lehrern, die fürs Unterrichten keine richtige Geduld haben.

Ich lese alles Geschriebene: ein geliehenes oder geklautes Buch, bekritzelte Papiere vom Boden, meistens in Spanisch. Ich bin ganz versessen darauf, die Aufschriften an Läden und Cafés zu lesen und sie manchmal sogar auf ein Stück Papier oder in eine Kladde zu schreiben. Die sind fast alle in Spanisch. Wie hart die Bedingungen auch sind, ich lerne wie im Wahnsinn immer und überall. Rimbaud hatte recht, als er sagte: »Es ist nicht gut, sich die Hosen auf Schulbänken durchzuwetzen.«

Lesen und Schreiben ist beim Träumen und Wachsein zur verrückten Manie geworden. Manchmal komme ich mir wie ein Buchstabe oder ein Stift vor. Ein Alptraum bringt mich bisweilen zur Verzweiflung. Ich habe kein Geld, um ein Heft zu kaufen, also sammle ich altes, gebrauchtes Papier, um darauf zu schreiben. Aber man hat vorher Schurrus darin eingewickelt, so daß alles Geschriebene in den Ölflecken verschwindet. Hier ein Wort, da ein Wort. Ich tröste mich mit den Ornamenten. Manchmal gibt es auf einem Blatt Bilder, wie Jungen sie zeichnen. Meine Schmutzigkeit und meine Magerkeit lassen mich die fleischliche Wollust vergessen. Mir ist, als hätte ich sie noch nie ausgekostet. Verfluchte Welt der Läuse, wo man dermaßen nach Verwesung stinkt, daß einem das Kotzen kommt und man zu ersticken droht.

In der Abschlußklasse der Grundschule unterrichtet ein junger Lehrer die arabische Sprache, der sich selbst überaus gefällt. Sein eleganter Aufzug interessiert ihn mehr, als uns etwas beizubringen. Eingebildet stolziert er zwischen den Reihen umher, genauso wie einmal auf der Straße, als er zähnebleckend hinter einem Mädchen her war. Von Zeit zu Zeit bleibt er vor dem Fenster stehen, um sich, ob es offen ist oder nicht, darin zu spiegeln und den Knoten seiner Krawatte zurechtzurücken. Manchmal erzählt er Witze oder fordert uns auf, selbst einen zu erzählen. Er lacht über die albernsten Sachen. Wenn er vorne sitzt, liest er eine Zeitung oder ein Buch und verlangt von uns, still zu sein und die vorige Lektion zu wiederholen, damit wir seine Lektüre ja nicht stören. Ist er da, um uns etwas beizubringen oder um sich zu bilden? Eine Frage, die mir bei diesem bartlosen, dunkelhäutigen Affen immer durch den Kopf schießt. Er wird schnell wütend, flucht beim geringsten Fehler los. Einer von der Sorte, der der älteste Sohn seiner Mutter ist. In seinen Augen sind wir alle Esel, und er ist, durch sein Wissen und seinen Stock, der Reiter. Der Stock liegt immer auf seinem Tisch. Wer ihn wütend macht, den schlägt er. Der Bestrafte springt und windet sich, und wenn er auf seinen Platz zurückkehrt, hat er Tränen in den Augen. Dieser große Lehrerlümmel wird wütend wie einer – wie man so sagt –, dessen Affe aufs Dach verschwunden ist. Er haßt mich, macht sich lustig darüber, daß ich im Arabischen meistens schwach bin. Einmal konnte ich ein Gedicht von Safiddin El Hilli nicht aufsagen. Wenn ich mich nicht irre, gehen die beiden ersten Verse so:

»Reisender, wovon du dich trennst, wird dir vergolten/
und bist du erschöpft, so liegt auch darin Vergnügen.
Ich sah, wie das Wasser durch Stehen ward verdorben/
Fließen macht es süß, Trägheit läßt es trüben.«

Wütend zog er mir die schlanke Gerte dreimal über die Schulter. Beim dritten Mal wischte die Spitze über mein linkes Ohr. Er verachtete mich wegen meines Alters und meiner Leistungen. Schließlich ließ er in seiner Affenwut von mir ab und schrie: »Esel, Dummkopf, und du willst was lernen? Geh zurück in dein

Tanger zu deinen Herumtreibern, anstatt hier herumzutrödeln und unsere Zeit zu vergeuden.«

Es war das einzige Mal, daß er mich schlug. Danach begnügte er sich mit Schimpfen oder übersah einfach, daß es mich gab. Ich betastete mein blutendes Ohr. In den Blicken meiner Kameraden sah ich Verachtung für ihn. Wenn sie auch nichts sagten, hielten sie doch zu mir. Ich überlegte, ob ich aufstehen und mich auf ihn werfen sollte: Mit ihm ringen, wie bei Streitigkeiten in Tetuan oder Tanger, selbst wenn ich besiegt werde; mit ihm kämpfen, bis einer von uns nicht mehr kann; versuchen, ihm in die Eselsohren zu beißen, bis eines ab ist und ich es ihm ins Gesicht spucke. Aber das wäre mein letzter Tag an der Schule. Ich werde seine Eselsohren den Zähnen der Esel überlassen. Als die Stunde beendet war, ging ich in den Waschraum und wusch mir das getrocknete Blut ab. Ein paar Tropfen fielen auf meine Schulter, als das Ohr wieder zu bluten anfing.

In unserer Klasse unterrichtet auch der Lehrer, der mich am ersten Tag im Rechnen geprüft hat. Er ist jähzornig wie der andere und streng. Für ihn sind wir dumme Esel, ob nun in der Klasse oder im Eßsaal. Er hat immer ein, zwei oder noch mehr Bücher in ausländischer Sprache bei sich. Ich hörte, er würde Englisch per Fernkurs lernen. Außerdem kann er Spanisch und ein bißchen Französisch. Seine Fächer sind Rechnen, Geschichte und Geographie. Er schlägt mit dem Stock auf die Fingerspitzen oder verteilt Ohrfeigen, aber er verläßt nie die Klasse, ohne den Bestraften dazu gebracht zu haben, sich mit ihm zu versöhnen. Wir hassen ihn nicht wie den anderen. Er hilft armen Schülern, die vom Land kommen, mit etwas Geld oder Kleidung aus und besucht sie in ihren Unterkünften, um sich über ihre Lage zu informieren und zu kontrollieren, ob sie den religiösen Pflichten nachkommen. Ich bin in seine Barmherzigkeit und seine Fürsorge außerhalb der Schule nicht eingeschlossen. Ich habe ja auch keinen festen Platz, wo ich schlafe. Ich folge einfach den Betrunkenen, Haschischrauchern und nächtlichen Herumtreibern und finde mit Sicherheit einen Platz bei ihnen. Wir haben die gleichen Erinnerungen und die gleiche Sprache. Unsere Welt gehört uns bei Nacht und bei Tag, in schöner Verfluchtheit. Besoffene, Bekifte und Penner sehen gleich aus und halten zusammen, zu jeder Zeit und an jedem Ort, woher sie auch kommen. Sie lehnen es ab, daß jemand, der sich nicht zu ihrem Fluch bekennt, sich einmischt und helfen will.

Für manche Symbole der Welt begann ich durch das, was ich las, Bedeutungen zu entdecken. Ich schaffte die Prüfung für die Sekundarschule. Beim Rechnen schrieb ich von einem anderen Schüler ab. Man erzählte mir, daß es manche nur mit Bestechung oder Fürsprache schafften. Na ja, sagte ich mir, beim Rechnen hast du auch betrogen. El Salhami, der Patron, hat mir geholfen, eine Fahrkarte zu kaufen, und ich bin nach Tanger gefahren: zu meiner verfluchten Geliebten, egal wie gemein wir zueinander sind.

# El Marouani

El Marouani kommt wie üblich ins Café Rakassa. Aber heute trägt er nicht das große Tablett mit pakistanischen Fladen, die er in den einfachen Cafés verkauft. Heute hat er nur ein Stück in der Hand, zwischen dessen beide Hälften Butter und Honig geschmiert sind. Er setzt sich zum Frühstück hin und schimpft auf alle, die ihn, ob er anwesend war oder nicht, des Vaterlandsverrats beschuldigt hätten. Als er mit dem Frühstück fertig ist, schreit er wütend: »Heute werde ich ihnen zeigen, wer ich bin. Sie behaupten, ich sei ein Helfershelfer des Kolonialismus.«

Für die Gäste im Café ist er ein Verrückter, sie tuscheln über ihn. Erregt raucht El Marounai eine Zigarette. Plötzlich springt er auf und zieht aus dem Gurt unter der weiten, weißen Abaja einen großen Dolch hervor. Die Gäste sind jetzt beunruhigt. Sie zittern, verharren schweigend auf ihren Plätzen. Seine Augen schweifen gemächlich umher – fast niemand zwinkert. Ihre Blicke sind wie gelähmt.

»Heute werden diese Hurensöhne erfahren, wer ich bin!«

Er verstaut das Messer und rennt hinaus in Richtung der Goldschmiedegasse. Auf dem Benito Pérez Galdós-Platz[1] reißt er den Dolch wieder heraus, läuft in einen

1 Benito Pérez Galdós (1843–1920), berühmter spanischer Romancier.

Laden und sticht auf einen jüdischen Geldwechsler ein. Danach eine ausländische Frau. Er stürmt die Mühlenstraße entlang und fuchtelt mit dem blutverschmierten Dolch. Marokkaner, die dort herumlungern, beachtet er nicht. Unaufhörlich schreit er: »Heiliger Krieg für die Sache Gottes, ihr ruchlosen Sünder! Gottes Fluch über alle Ungläubigen und Verräter!« Im Ben Charki-Viertel will er in ein Geschäft, doch das ist geschlossen. Mit dem Fuß tritt er gegen die Tür, spuckt und beschimpft den Besitzer. Er stürzt weiter. Auf der Dar Bedagh-Straße erdolcht er zwei Ausländer, Mann und Frau. In der Spanien-Allee, nicht weit vom Bahnhof, steht ein spanischer Polizist. El Marouani rennt mit dem Dolch in der Hand auf ihn zu. Der Polizist schießt, trifft ihn ins Bein, und El Marouani stürzt, wälzt sich in seinem Blut, verflucht aber immer noch die Verdammten.

Der Rettungswagen kam und ein Polizeijeep, und im Nu drängte sich eine Menschenmenge zusammen.

# Eigensinnige Liebe ist hart wie das Brot der Armen

Ich sitze vor dem Café Central. Die Hitze macht mich schläfrig. Aus der Marine-Straße kommt ein hübsches, blondes Mädchen vorbei. Hemd und Hose kleben ihr vor Hitze – weiß und durchsichtig –, am schlanken Körper. Ihr Gang ist kokett, die kleine Nase ein bißchen platt, das lange Haar glatt, die Oberlippe geschwungen, die großen Augen blicken verschleiert. Eine asiatische Katze. Bestimmt hat sie auch die Übellaunigkeit einer Katze. Wenn sie eine von denen ist, wie ich glaube, dann werden all die Vorstellungen, die mir bei ihrem Anblick ein Kribbeln im Kopf verursachen, wahr werden. Ich folge ihr. Meine Mattigkeit läßt nach. Sie geht in die Kurrulus Unthi-Straße. Curro Las Once. Am Platz des Fortschritts betritt sie ein Haus, ich hatte recht: Sie ist eine von ihnen. Ich warte, bis sie oben ist. Die Chefin empfängt mich freundlich. Es ist Lalla Ghalija. Sie wird alt, ist aber immer noch aktiv und elegant. Es gibt kein prächtigeres Haus als ihres: ein Haus des Friedens. Lautes Lachen und Geschwätz in einem der Räume. Sie läßt mich in ein kleines Zimmer eintreten, das mit einem marokkanischen Sofa möbliert ist. Der Duft von Moschus und Weihrauch liegt in der Luft. An den Wänden hängen Teppiche, deren Bilder von den Gestalten aus Tausendundeiner Nacht inspiriert sind. Ich will ein Bier. Ein hübsches, dunkelhäutiges Mädchen, klein und rund, bringt es mir. ›Schlaf bei den Braunen mit den Kurzen, bei den Weißen mit den Langen.‹ Die Farbe ihres Kleids ist eine Mischung von Veilchenblau und Weiß. Als sie sich beim Abstellen der Flasche zu dem kleinen Tisch hinunterbeugt, zeichnen sich im gebündelten Strahl der Sonne ihre Schenkel ab, und das starke Licht scheint ihr geradewegs die Öffnung zwischen den Säulen zu durchbohren. Ich danke ihr, und mit einem Lächeln geht sie hinaus. Lalla Ghalija erscheint in all ihrer stattlichen Größe an der Tür. Da ist das Lichtbündel gebrochen. Strahlend nickt sie mir zu, die Zigarette in der Hand. Sich stolz in den Hüften wiegend, zieht sie in ihrem farbenprächtigen Kaftan davon. Ich habe noch ein Bier bei ihr bestellt, auch wenn das erste noch nicht ausgetrunken ist, und habe sie nach dem Mädchen in Weiß gefragt. Sie sagte, daß es fünfzig Peseten kostet. Ich sagte ja. Noch bevor ich das zweite Bier ausgetrunken hatte, brachte sie mir das dritte. Die, die ich wollte, hätte noch jemanden bei sich. Ich meinte, ich könne mich in Geduld fassen. Es gebe noch zwei Hübschere, erwiderte sie. Die Wahl liege bei ihr. Die Hoffnung, die man auf eine Puffmutter setzt, enttäuscht einen meistens nicht. Sie rief nach Rabia. Es war die schöne Braune. Noch zwei Flaschen. Sie erzählte, sie sei aus Meknes, dort bin ich noch nie gewesen. Wir nahmen die Getränke und gingen in einen anderen Raum, in dem ein Bett stand. Ich fragte nach dem Mädchen mit Hemd und Hose. Sie sagte, die sei aus Tanger. Der Geruch von Rabia ist stark und aufregend, so wie ihre Freundlichkeit.

Am Abend bummle ich die Tavernen des Innenmarkts ab. Alle reden über den Wahnsinnsanfall von El Marouani, das Blutbad, seine Familie, die ihm die Verrücktheit vererbt hat, den Kolonialismus, der sich seine Helfershelfer unter den Geistesschwachen aussucht, die Gebrechlichen, die als Verbrecher enden. Der traurige Rausch und der Starrsinn bringen mich in Wallung, also gehe ich zum Bordell von Scharjuta. Sie sagt, daß Kanza noch immer in Begleitung ist und ich entweder morgen wiederkommen oder eine von ihren Hübscheren nehmen soll. Wenn ich Kanza aber unbedingt wolle, müsse ich ihr hundert Peseten geben. Sie würde dann mit ihr reden. Ich sagte, das bekäme ich zusammen, und ich würde ihr geben, was sie wolle. Kanza ging im Salon auf und ab, eingebildet wie ein Tiger, der sich satt gefressen hat. Stolzen Blicks und mit dem Dünkel jener Frauen, die über alle Sündhaftigkeit erhaben sind, verschwand sie. Scharjuta brachte mir mein Bier und sagte: »Kümmere dich nicht um sie, es gibt andere. Sie ist eigensinnig, und ich kann ihr ihr Recht nicht nehmen. Das ist die Zeit der Frauen im Leben der Männer. Komm ein andermal wieder, vielleicht leitet Gott sie dann richtig.«

Heute früh habe ich im Hafen mit unechten Uhren gehandelt und dreißig Dollar eingenommen. Am Abend traf ich Hamid Zailachi, der durch die Gassen des Innenmarkts trödelte. Vor zwei Tagen ist er aus dem Gefängnis entlassen worden. Sein Kopf ist rasiert, er trägt ein schwarzes, schäbiges Barett aus Wolle. Er ist blaß und nervös.

»Sie haben mich in eine Zelle gesteckt, in der es ekelhaft stank und wo aus dem Kloloch Ratten krochen. Drei Tage habe ich da verbracht.«

»Warum denn?«

»Weil ich mich unter dem Vorwand, krank zu sein, weigerte, die Klos zu reinigen. Der Wärter haßte mich, weil ich nichts hatte, was ich diesem Hurensohn geben konnte, wie die anderen, die die Klos nicht putzen wollten. Dabei war ich nur in die Kneipe – pardon – ins Café Normandie am Frankreich-Platz gegangen, um ein Glas zu trinken. Weil man mich nicht bedienen wollte, habe ich auf die Schwelle gepinkelt. Die Kellner packten mich, dann nahm mich die Polizei fest, und ich wurde zu einem Monat verurteilt.«

Hamid überlegt, ob er wieder nach Larache zurückkehren und weiterlernen soll. Aber durch sein aufbrausendes Temperament und seine Neigung zum Taschendiebstahl, läuft er dauernd Gefahr, im Gefängnis zu landen. Er ist geschickt, aber leichtsinnig.

»Ich will mein Leben nicht unter diesen Verdammten verbringen. Die Mächtigen im Gefängnis sind schrecklicher als die, die draußen das Sagen haben. Ein Richterspruch – ja, aber nicht das Urteil eines Verurteilten.«

Ich erzähle ihm, was mir mit Kanza passiert ist.

»Sie will, daß du ihr in die Falle gehst und sie liebst. Hüte dich vor der Liebe der Nutten. Jede versucht, sich an den Männern mit Hilfe eines Mannes zu rächen. Jede ist überzeugt, daß ihr ein Mann das Leben versaut hat. Alle diese Mädchen sind in der Liebe gescheitert.«

»Sie ist blond, und ich habe gehört, daß die Blonden sehr launenhaft sind.«

Er lacht schallend los. »Wer hat dir diesen Schwachsinn erzählt? Es gibt keine Farbe bei Frauen, die die einen gut und die anderen schlecht macht. Drinnen haben sie alle die gleiche Farbe, auch wenn sich ihre Haut unterscheidet. Stürz dich in den Sex, dann vergißt du alle Probleme mit der Liebe. Liebe ist genauso hart wie das Brot der Armen.«

Wir gingen in die Christen-Straße, betraten die Gajo-Bar, BAR EL GALLO. Spanier und ein paar Marokkaner saßen herum. Zwei Spanierinnen tranken und schwatzten mit einem Landsmann und einem Marokkaner. Wir tranken zwei Gläser. Das laute Gelächter der zwei Berufsmäßigen störte uns, also gingen wir hinaus. Ich gab ihm hundert Peseten. Er wollte am nächsten Tag nach Asilah, um seine Familie zu besuchen. Ich würde ihn erst in Larache wiedersehen. Ich verabschiede mich von ihm, gehe in die Chakobitu-Bar. Ein Glas La INA-Wein. Mich überwältigt die verrückte Idee, zu Scharjutas Haus zurückzukehren. Rabia ist vielleicht nicht beschäftigt. Ich erinnere mich an ihre schöne braune Nacktheit, den leichten Flaum auf dem Rücken, die Wärme der prallen Schenkel, den starken Schweißgeruch. Ich stelle mir vor, sie anzuziehen, ihr alles an seidenen Sachen überzuwerfen, was sie will, bis sie vor lauter verrücktem Lachen fast zu ersticken droht und sich wie eine Schlange, die zum Sprung ansetzt, zusammenrollt. Ich stelle mir vor, wie sie ein Stück nach dem anderen wieder ablegt und sich immer mehr auszieht, bis sie nackter als nackt ist. Hamid hat recht. Man soll Appetit auf das Brot der Schenkel haben und nicht auf die Hornissen der Liebe. Die Liebe ist ein Dämon. Wer kann den packen? Hundertfünfzig Peseten für Rabia, fünfzig für Scharjuta. Das ist der Preis für den Geruch einer ganzen duftenden Nacht mit Rabia.

Wir tranken etwas und gingen in ihre Pension: La Blata, LA PLATA. Wir nahmen eine Flasche Martini, drei Zitronen und Limonadensoda mit. Ihr Zimmer war klein, die Nacht sengend heiß. Wir setzten uns in Unterwäsche auf den Bettrand.

»Warum willst du unbedingt mit Kanza schlafen?«

»Eigensinn.«

»Dann liebst du sie also gar nicht!«

»Sie gefällt mir.«

»Sie ist meine Freundin. Ich werde morgen mit ihr über dich reden, und dann schläfst du mit ihr, ohne ihr hundert Peseten zu bezahlen, wie du zu Scharjuta gesagt hast. Kanza ist auch eigensinnig. Vielleicht hast du bei ihr Dinge geweckt, die ihr weh tun.«

»Es interessiert mich nicht mehr, mit ihr zu schlafen.«

Wir tranken. Schwiegen geistesabwesend. Beobachteten uns.

»Liebt sie jemanden?«

»Zur Zeit nicht, aber sie sucht eine richtige Liebe.«

»Richtige Liebe!«

»Ja. Richtige Liebe.«

»Was meinst du damit?«

Sie sah mich an, lächelte. »Du machst Spaß.«

»Aber nein, überhaupt nicht.«

»Alle Leute wissen, was richtige Liebe ist, bloß du nicht?«

»Ich weiß es tatsächlich nicht.«

»Es reicht, hör auf zu lügen.«

Wie zwei Kinder versuchten wir, eines der Geheimnisse der Welt zu lösen.

Ich kaufte mir ein paar Bücher von El Manfaluti, Djibran Chalil Djibran und Maij Zijade. Ich sperrte mich ein, um sie zu lesen. Ich hatte gehört, daß diese Autoren über die ideale Liebe, die wahre Liebe schreiben. Ich gehe ins Restaurant Maria, das dicht beim Hotel liegt, und komme zurück mit einer Flasche Wein und noch einem Buch über wahre Liebe oder etwas ähnlichem. Bei dem, was Manfaluti, Djibran und Maij sagten, fand ich einen gewissen Trost, doch war die Liebe dort entweder mit Tod und ewiger Trauer verbunden oder sie führte zum Wahnsinn.

Ich traf Rabia auf dem Innenmarkt. Kanza war zu ihr in die Pension gezogen, weil beide zusammenwohnen wollten. Rabia schlug mir vor, auch überzuwechseln. Die Pension wäre billiger als meine, und ich könnte mitbringen, wen ich wollte. Die Falle war gestellt. So dachte ich. Getrieben von Eigensinn, Neugier und Abenteuerlust zog ich ein. Ich mietete ein kleines Zimmer oben auf dem Dach, von wo aus das Meer zu sehen war. Ich freundete mich mit dem Nachtwächter an: ein junger Mann, süchtig nach Kif und Alkohol bei Tag und bei Nacht. Er war zum Frauenhasser geworden, weil seine Geliebte ihn mit einem seiner Freunde betrogen hatte. Wenn er vor lauter Kif und Alkohol nicht mehr kann, vertrete ich ihn als Nachtwächter, jedenfalls dann, wenn ich nicht vor ihm betrunken und bekifft bin. Manchmal bringt Kanza einen Kunden mit, der entweder die ganze Nacht bleibt oder nach einer Zeit geht. Rabia macht das in anderen Hotels. Ich weiß nicht, was sie daran hindert, in ihrer Pension zu bleiben, denn sie versteht sich mit Allal, dem Wächter, besser als die eingebildete, unbeherrschte Kanza. Das Lesen hat meine Sucht nach Alkohol und Kif gemindert. Ich habe mir noch von Ahmed Schauki die Stücke »Madjnun Leila« und »Cleopatra« besorgt. Eines Abends, als mich Kanza hinter dem Empfangstisch sitzen und den »Madjnun« lesen sah, sagte sie: »Lies nicht so viel, das macht blöd.«

Hinter ihr ging ein Mann.

Kanza arbeitete in einem orientalischen Tanzlokal, und obwohl sie Anfängerin war, nannte man sie »die dämonische Tänzerin«. Eines Nachts kam sie betrunken ins Hotel zurück. Der Taxifahrer stützte sie. Im Mund hatte sie eine Zigarre. Es war das erste Mal, daß ich eine Frau eine Zigarre von der Größe eines aufgerichteten Penis rauchen sah. Sie trug ein schwarzes, glänzendes Abendkleid, dazu eine unechte, weiße Halskette, die bis auf die Brust hinunterhing. In ihrem Haar steckte eine rote Rose. Die Nacht gewährt dem Unheil Unterschlupf, wie mir mal ein Spaßvogel sagte. Am Tag traut sich das Laster nicht hervor. Als der Fahrer sie losließ, sagte er zu mir: »Wenn Sie sie nicht so wie ich halten, fällt sie hin.«

Ihre weiße Haut strahlte durch das schwarze Kleid noch leuchtender. Ich ließ sie schwankend stehen und nahm ihren Zimmerschlüssel vom Brett.

»Ich bin eine bedeutende Frau. Du kennst mich noch nicht.«

Der Wächter Allal schlief wie ein Toter. Ich nahm ihr die Zigarre aus dem Mund, damit sie mir beim Tragen nicht das Gesicht verbrannte. Ein Gemisch aus Alkohol, Tabak und starkem Parfüm schlug mir entgegen. Außer ein paar Gläsern hatte ich in dieser Nacht nichts getrunken. Ein richtiger Rausch war mir zu teuer. Sie schlang ihre Arme um meinen Hals, und während wir die Treppe hinaufstiegen, faselte sie weiter von ihrer Großartigkeit, während ich mich abmühte. Ich warf die Zigarre weg. Sie schien sie vergessen zu haben. Sie blieb auf einer Stufe stehen, um über einen spanischen Konsul zu reden, der nur ihretwegen immer ins Tanzlokal kam und aus lauter Liebe zu ihr dahinstarb. Ab und zu wollte sie auf der Treppe einschlafen, doch ich hob sie immer wieder auf. »Nicht hier.«

Oben zog ich Kanza die vergoldeten Schuhe aus und legte sie, so wie sie war, auf das Bett. Sie erlebte ihre Nächte ja immer in voller Pracht. Ich setzte mich zu ihren Füßen auf die Bettkante, steckte mir eine Zigarette an und betrachtete sie in ihrer Ohnmacht. In diesem Augenblick hatte sie die Schönheit einer toten Frau, die in babylonischer oder griechischer Zeit begehrt worden war. Es gab nichts Aufreizendes mehr an ihr. Die sonstige Arroganz war verloren, ihre Flirterei, ihre Eitelkeit. Sie hatte sich von allem Lug und Trug befreit, von aller menschlichen Falschheit. Jetzt war sie nur noch sie selbst, gewollt oder ungewollt.

Ich ging in mein Zimmer und trank ein Glas Wasser mit Zitronensaft. Rauchend dachte ich über die schmutzigen menschlichen Beziehungen nach. Ich träumte von einer langen Reihe nackter Männer, die sich immer wieder darin ablösten, mit Kanza zu schlafen, während sie ihnen zurief: »Kommt alle her, meine Zeit ist die aller Frauen.« Ich träumte und träumte, bis mich der Traum aller Träume wachrüttelte.

Ich habe Hamid nicht mehr gesehen, seit wir uns trennten. Die Tage vergehen, und der Handel mit den Matrosen auf den Dampfern läuft mäßig. Ich habe angefangen, mal ein paar Touristen, mal Marinesoldaten in die Bordelle und Bars zu führen. Rabia und Kanza schlafen mit Männern, und ich lese, und manchmal schreibe ich das, was ich gelesen habe, ab, damit sich der Stil und die richtige Schreibweise in meinem Kopf festsetzen, ohne daß ich grammatikalische Regeln auswendig lernen muß, wie Hassan mir geraten hatte.

Der Oktober naht. Ich habe nicht viel gespart. Kneipen und Bordelle haben mich eine Menge gekostet, um den Schock mit Kanza zu vergessen. Ein großer Koffer ist mit Kleidungsstücken gepackt, die ich bei den Matrosen der Handelsschiffe gegen marokkanisches Kunsthandwerk eingetauscht habe. Ein paar Sachen habe ich auf dem Gebrauchtwarenmarkt gekauft. Ich will sie, wenn ich pleite bin, an die Schüler in Larache verkaufen. Einen Tag vor der Abreise habe ich Rabia zum

Schwimmen und anschließendem Mittagessen in einem der Strandrestaurants eingeladen. Wir sind geschwommen, gelaufen und haben gespielt. Während ich mit Rabia im Wasser herumtollte, konnte ich Kanza im Geiste anspucken. Wir tauchten auf, tauchten unter. Abwechselnd machten wir die Beine breit, und schwammen durch die geöffneten Schenkel des anderen hindurch. Jedesmal vergrößerten wir den Abstand zwischen uns, um zu sehen, wer als Stärkster siegt. Mir fiel ein, was in der Cheneral-Bar der Spanier zu seinem Freund sagte:

CADA AMOR SE OLVIDA CON OTRO AMOR
RECOR DAR EL PRIMER AMOR ES AMAR SEGUNDA VEZ

Jede Liebe vergißt sich durch eine andere Liebe.
Erinnerst du dich der ersten Liebe, wirst du zum zweitenmal lieben.

Mir ist es nicht gelungen, die Liebe zu Kanza durch die zu Rabia einzutauschen. Die Liebe ist ein Fluch, und Kanza ist mein Fluch. Im Restaurant Puerta del Sol erzählte mir Rabia mit Tränen in den Augen vom Tod ihrer Mutter. Ihr Vater hat nicht einmal einen Monat später wieder geheiratet. Die Stiefmutter konnte sie nicht leiden, und Rabia hatte es gehaßt, den Bruder, den man durch einen Kaiserschnitt herausgeholt hatte, aufziehen zu müssen. Eines Nachts war die Frau des Vaters zu einer Hochzeit gegangen. Rabia war in deren Bett eingeschlafen. Als der Vater betrunken nach Hause kam, schlief er mit ihr, weil er sie nicht erkannte. Zur Strafe entschied er, daß sie entweder Meknes verlassen müsse oder er sie töten würde.

Ich sagte zu ihr: »So etwas geschieht mit oder ohne Absicht. Es passiert sogar noch viel Schlimmeres.«

Da gab es keine Tränen mehr, und ihre Augen konnten sich wieder erholen.

## Fatima

Wir saßen im Café Central. Muchtar holte unter seinem Djilbab ein Buch hervor und reichte es mir. »Das ist ein großartiges Werk. Das beste, was wir lesen können.«

Es war der Roman »Die Elenden« von Victor Hugo. Einen Teil hat Hafiz Ibrahim ins Arabische, in der Sprache der alten Wörterbücher, übertragen. Wir bestellten zwei Milchkaffee, und ich begann, ihm vorzulesen. Die meisten Wörter verstand ich nicht. Es waren seltsame Ausdrücke dabei, die ich kaum aussprechen konnte. Muchtar kennt von fast allen Wörtern die Bedeutung. An der Bar des Cafés sitzt eine Frau, die mit einer Gruppe Spanier etwas trinkt. Sie lacht viel, drei flirten mit ihr. Ab und zu sieht sie zu mir herüber. Ihr Lächeln leuchtet. Ich gebe ihr ihr sanftes Lächeln zurück. Was ist mit ihr los? Frauen haben eben so ihre Launen, denke ich.

Der Kellner stellt die beiden Kaffeetassen hin und sagt: »Die gehen auf Rechnung von Frau Fatima.«

Also wahrscheinlich doch keine Laune. Vielleicht will sie ein gutes Werk tun. Bestimmt kennt sie Muchtar. Ich danke ihr mit einem lächelnden Blick. Noch bevor ich ihn etwas frage, sagt er: »Sie lebt oft mit Spaniern zusammen. Die Gesellschaft von Marokkanern meidet sie. Aber sie ist eine gute Frau.«

Muchtar erkennt die Leute an ihren Stimmen oder indem er sie berührt.

In der Schule hatte der Lehrbetrieb noch nicht ernsthaft begonnen. Die Verwaltung war nicht geöffnet. Wir, die wir vom Land oder aus anderen Städten kamen, mußten uns selbst um Unterkunft und Essen kümmern. In der Caid-Ahmed-Gasse gab es einen alten Kornspeicher, der der religiösen Vermögensverwaltung gehörte. Ich besaß ungefähr tausend Peseten. Hamid traf ein, und man nahm ihn an der El Mutamid Ben Abbad-Schule wieder auf. Es gelang ihm, den Schlüssel zum Kornspeicher zu bekommen. In der Nacht zünden wir in einem der Räume, in dem wir wohnen und schlafen, Holz an. Ein paar Kerzen spenden Licht. Wir kaufen eine Flasche Nigrita-Rum, um uns vor der beißenden Winterkälte zu schützen und schleppen die Sehnsucht nach Tanger mit uns herum. Wir haben eine alte schwarze Tafel an die Wand genagelt. Auf der üben wir Rechnen und machen uns Konkurrenz beim Schulstoff. Hamid hat ein Mädchen kennengelernt, das eine Weile in Tanger lebte, wo die Nachtstrolche sie kaputtgemacht haben. Sie teilt unsere Einsamkeit, wenn sie nicht von einem großzügigen Kunden eingeladen ist. Sie kocht für uns, trinkt mit uns, beteiligt sich an den Ausgaben. Ein Mädchen, das für die Prostitution überhaupt nicht geschaffen ist. Sie redet wenig. Ihre Anwesenheit ist einem vertraut. Sie schläft zwischen uns auf der flachen Liege, die wir aus Kartons, Lumpen und Zeitungen gebaut haben. Es stört sie nicht, daß wir uns abwechselnd an ihrem Körper aufwärmen, aber das Bedürfnis nach Sex ist bei ihr geringer als bei uns. In ihrer Zurückhaltung ist so etwas wie Keuschheit. Vielleicht spürt das jeder, der mit ihr schläft. Von uns wünscht sie sich wahrscheinlich nichts anderes als Freundschaft. Aber wir kannten keine Freundschaft zwischen Mann und Frau ohne Sex. Sie war ein Weib, und wir waren

Männer, die auf Beute aus sind. Manchmal schluchzte sie leise, wenn sie zwischen uns lag. Mich machte das traurig. Hamid kümmerte sich nicht darum. Wir brachten es nicht fertig, sie woanders als bei uns schlafen zu lassen. Ihr Vater war gestorben, als sie ein Kind war. Ihre Tante hat sie aufgezogen.

Hamid und ich haben keine Geldeinnahmequelle. Meine Peseten sind ausgegeben. Hamid war schon pleite, als er aus Tanger kam. Eines Morgens sagte er zu mir: »Zieh heute die besten Sachen an, die du hast.«

Es war Sonntag.

»Warum?«

»Das erfährst du später.«

Ich habe eine Jacke und eine Hose, die ich an Feiertagen anziehe, aber nur, wenn es nicht regnet. Ich suchte ein weißes Hemd raus und eine Krawatte in leuchtenden Farben.

»Vergiß nicht, deine Brieftasche aus Leder und den Füllfederhalter einzustecken, den du für die Hausaufgaben nicht nimmst.«

»Aber wozu dieser ganze Aufzug?«

»Ich habe einen tollen Plan.«

»Und wie sieht der aus?«

»Es gibt eine Menge Leute, die vom Land in die Stadt kommen und Arbeit suchen.«

»Und weiter?«

»Ich fische zwei oder drei heraus. Ich werde ihnen sagen, daß du der Freund vom Privatsekretär des Paschas der Stadt bist. Du schreibst jedem einen Brief, in dem es heißt: Der Überbringer dieses Schreiben braucht Arbeit, und so bitten wir darum, ihn zu beschäftigen.«

»Ah, einfach so.«

»Genau, das ist es, was du schreibst.«

»Und wenn man uns schnappt?«

»Wer?«

»Die Polizei oder die Opfer.«

»Wir streiten alles ab. Weißt du nicht mehr, wie man das macht? Wo sind die Tage von Tanger hin!«

»Aber meine Handschrift – wie soll ich die abstreiten?«

»Du mußt anders als sonst schreiben. Außerdem werden in solch einem Fall bestimmt nicht Experten die Schrift prüfen.«

»Du bist verantwortlich für die Folgen.«

»Ich bin der Verfluchte, und du hältst den Mund.«

Er machte sich auf die Suche nach Opfern. Ich ging in meiner ganzen Pracht ins Café Der Stern. Ich las gerade von Djibran Chalil Djibran »Die Bräute der Steppen«, als Hamid mit zwei Beduinen ankam. Mit größter Hochachtung schüttelten sie mir die Hand. Ich fühlte mich unwohl. Bat sie, sich zu setzen.

Sie sahen sehr elend aus. Hamid setzte sich hin, um mir ihr Anliegen zu erklären. An solche Betrügerei war ich nicht gewöhnt. Einen so schlimmen Beschiß habe ich noch nie gemacht. Ich schlürfte meinen schwarzen Kaffee, sie bestellten sich eine Kanne grünen Tee. Hamid kümmert es nicht, mit welchen Mitteln sich der Mensch seinen Lebensunterhalt verdient. So wie unsere Lage aussah, konnten die Opfer nur Menschen unseres Schlags sein.

Alles war gerechtfertigt, damit wir zu Ende lernen konnten. Wie wir sie beklauten, konnten sie wieder andere beklauen, sagte er, nachdem die beiden Opfer weggegangen waren. Zweihundert Peseten hat er für die beiden Briefe ausgehandelt. Auf jedes Blatt schrieb ich: »Ich, der Unterzeichner ... marokkanischer Staatsbürger ... suche jegliche Arbeit. Ich bitte darum, mich zu beschäftigen. Gott hilft seinem Diener, wenn der Diener seinem Bruder hilft.«

Sie konnten ihren Namen nicht schreiben. Ich habe ein paar Tropfen Tinte vom Füller auf ein Papier gespritzt und ließ sie ihren Daumenabdruck darunter setzen.

Am nächsten Sonntag gehen wir in der Rijal REAL spazieren. Wir haben kein Geld fürs Kaffeetrinken. Nur ein paar Zigaretten, von denen wir abwechselnd immer zusammen eine rauchen. Hamid bleibt ein wenig zurück, um sich ein Schaufenster anzusehen, und ich warte auf ihn, schaue mir ein anderes an. Plötzlich höre ich ihn schreien. Einer der Beduinen hält Hamid gepackt, und kaum sieht mich der andere, schießt er tobend und brüllend auf mich zu. Ich renne aus Leibeskräften. In einer Gasse gibt es eine Nebentür zur großen Moschee. Ich habe den Einfall, im Allerheiligsten Schutz zu suchen. Ich laufe mit Schuhen hinein. Am Becken rutsche ich aus, falle aber nicht hin. Ich drehe mich um. Der Hurensohn zieht seine Schuhe aus. Hier gibt es keine Möglichkeit, sich zu verstecken. Also ziehe ich meine Schuhe nicht aus. Mittagsgebet. Ich springe über die Rücken der Betenden, renne zwischen ihnen herum. Sie geraten durcheinander. Ich laufe zum Haupttor hinaus. Finde mich auf dem Souk El Gabibat-Platz wieder. Ich schreie den Hurensöhnen zu: »Betet weiter! Ist nichts passiert!«

Aber sie wollen nicht beten. Fluch über solche Menschenkarnickel. Sie rennen hinter mir her. Wirrwarr unter den Markthändlern. Meine Verfolger nehmen zu. Läuft ein Karnickel, laufen alle. Ich will nach »Ain Schikka«. An der Mauer beim Meer halte ich an. In der Ferne sehe ich den Rest der Verfolger, die blöde und atemlos herumstehen. Keuchend lehne ich mich an die Mauer und behalte die Meute im Blick. Sie sind böse, aber auch unsicher. Ich werde ihnen nicht auf die

Sprünge helfen. Langsam setzen sie sich wieder in Bewegung und kommen schneller und schneller näher. Sie fangen an zu rennen. Ich nehme den Wettlauf wieder auf. Plötzlich merke ich, daß sie nicht mehr nachkommen. Sie reden miteinander, dann drehen sie, dicht aneinandergedrängt, um. Hustend und keuchend bleibe ich stehen. Ich lehne mich an die Mauer. Die Meeresbrise macht mich wieder etwas munterer.

Erst am Abend ging ich zum Speicher zurück. Ich fand Hamid und Saida vor. Sein linkes Auge war geschwollen, in seinem Nasenloch steckte Watte. Saida betrachtete mich wie eine Krankenpflegerin der Wohltätigen Schwestern, die in einem Kloster die mutigen Verwundeten eines mittelalterlichen Krieges pflegen. Wir schauten uns einen Moment an und brachen dann in hysterisches, kreischendes Gelächter aus. Hamid japste: »Du hast Glück gehabt. Bist deinem Verfolger entkommen. Er war noch stärker und bösartiger als sein Kumpel. Der Hurensohn ist zurückgekommen und hat sich mit mir geschlagen, obwohl sein Kumpel versuchte, ihn von mir wegzuzerren. Einige Passanten sind dazwischengegangen und haben mich davor gerettet, mit den beiden zur Polizei gehen zu müssen. Wärst du ihm in die Hände gefallen, hätte er dich in den Dreck getreten.«

Ein leichtes Klopfen an der Tür. Ich dachte: So klopft ein Fremder, der sich geniert. Hamid öffnete. Rief mich. Fatima, die Lachende. Was wollte sie? Lächelnd begrüßten wir uns. Sie sah verstört aus. Nicht besonders hergerichtet. Hatte keine übertriebene Mühe darauf verwand, sich zu schminken, wie ich sie vom Café Central kannte. Ich stellte ihr Hamid vor und bat sie einzutreten.

»Heute nicht. Danke. Ich möchte dich allein sprechen.«

Ich bat Hamid um Entschuldigung, trat zu ihr hinaus. Er sah uns gleichgültig nach.

»Ich möchte dich zum Abendessen bei mir zu Hause einladen. Du bist seit einigen Tagen nicht im Café Central gewesen. Ich habe auf dich gewartet und den Kellner nach dir gefragt.«

»Ich gehe von der Schule immer gleich her, um die Aufgaben zu machen.«

Sie wohnt in der Rijal-Straße. Eine kleine Wohnung: Zimmer, Küche, Toilette. Saubere, einfache Einrichtung. Bilder in Glasrahmen mit roter Borte. Der Geruch von Gewürzen und Fleisch. Mir wird der Mund wässrig. Mein Hunger wächst um ein vielfaches. Sie hatte das Licht brennen lassen, als sie mich holte. Eine Flasche Wermut und halbierte Zitronen standen auf dem Tisch. Kein Zweifel, daß Hamid jetzt die Frauen verflucht.

»Mehr habe ich heute nicht.«

Wir prosten uns zu. Sie trinkt, stellt das Glas ab, als sei ihr etwas eingefallen. »Ich komme gleich wieder.«

Ich sehe mir die Bilder an der Wand an: Entweder ist sie allein drauf oder mit Spaniern. Dann ist da ein Foto von einem älteren Paar. Ihr Vater? Auf einem Bild ist sie mit einem Kind.

»Das ist meine Tochter Salwa.«

Ein schüchternes Kind. Lächelnd.

»Gib ihm einen Kuß.«

Ein warmer Mund drückt sich auf meine Wange. Ich küsse sie leicht auf den Scheitel. Ich hasse die Verfluchten, die Kinder den Mund oder dicht daneben küssen. Saugen sich an den Mäulern von Huren fest, lecken ihnen sogar die Fotzen. Kein Mann, der Gott scheut, kein Loch, das rein bleibt. Das pflegt Hamid immer zu sagen.

»Sie ist sieben Jahre. Sie lernt in der Vorschulklasse.«

Sie lächelt sie an, setzt sie an meine Seite. »Das ist der Herr, der dich unterrichten wird, wenn du nach Hause kommst.«

Sie bringt mir ihre Hefte. Ich blättere sie durch. »Sie hat gute Noten.«

»Ich möchte, daß sie gut lernt, damit sie Ärztin oder Lehrerin wird. Nicht wahr, Salwa? Ich möchte nicht, daß sie wie ich wird. Ich war nur drei Jahre auf der Schule, bei den spanischen Nonnen. Ich habe Nähen und Sticken besser gelernt als Schreiben und Lesen.«

Zum erstenmal sehe ich ein marokkanisches Kind, das Salwa heißt. Es lächelt versunken vor sich hin. Beim Abendessen reißt Fatima Fleischstücke ab, die sie mal Salwa in den Mund steckt, mal mir zureicht. Unsere Gläser klingen. Ich bringe sie zum Lachen, benehme mich närrisch. Nach dem Essen geht sie mit Salwa zu der Nachbarin, die das Mädchen betreut. »Warum läßt du sie nicht bei dir schlafen?«

»Ich komme nachts spät heim und schlafe lange. Salwa steht um sieben Uhr auf, damit sie um acht aus dem Haus gehen kann.«

Ich frage Fatima nach ihrem Geburtsort.

»Ich bin in Larache geboren, aber mein Vater kam aus Ithnain Sidi El Jamani. Als meine Mutter starb, ist er in unser Dorf zurückgegangen. Er ist wieder verheiratet und bestellt unseren Boden.«

Wir sind von Rausch und Harmonie erfüllt. Da ist nichts Hurenhaftes mehr an ihr, keinerlei Koketterie wie im Café Central. Ihre Bewegungen sind zurückhaltend, ihre Stimme ist sanft. Wenn wir schweigen, überfällt sie traurige Verlorenheit. Die Stille ist angenehm, und ich störe sie nicht, sondern unterhalte mich, indem ich mir die Bilder an der Wand ansehe.

Fängt sie wieder an zu strahlen, stimme ich in ihre Fröhlichkeit ein.

Auf der Straße begegne ich Muchtar El Haddad. Er geht allein. Ich halte ihn an. Er befühlt mich, dann gleitet seine Hand an meinem Arm entlang, bis er meine Hand gefunden hat.

»Choukri. Ich suche dich. Habe schon nach dir im Café Central gefragt. Gehen wir hin und lesen?«

Vielleicht erkennt er mich auch am Geruch. Er hat die Geschichte »Die kranke Leila im Irak« von Zaki Mubarak bei sich.

»Ich habe kein Geld, um etwas zu trinken, und nur noch zwei Zigaretten.«

Er hakt sich bei mir unter, und wir gehen zum Wohnheim des Religionsinstituts, um bei einem Studenten vom Land Geld zu borgen. In der Halle wendet sich Muchtar nach links, tastet die Türen ab. Bei der dritten bleibt er stehen und klopft. Es antwortet niemand. Die Tür ist nicht verschlossen. Er öffnet sie und geht hinein. Beim Herauskommen schaut er nach links und rechts, um wie gewohnt mit den Ohren zu sehen. Er trägt etwas unter dem Djilbab. Er hält es in der Hand, die er durch den Taschenschlitz gesteckt hat.

»Was hast du da?«

»Sei still. Ein Petroleumkocher. Wir verkaufen ihn. Ich will ihm nicht begegnen, bevor wir hier nicht raus sind.«

»Wem?«

»Dem, dem der Ofen gehört. Ich mache mit ihm die Hausaufgaben in Arabisch.«

Ich ließ ihn dicht bei einem Bogen am Gababit-Markt stehen, wo er auf mich warten sollte, und ging zum Restaurant von El Salhami. Er hielt einen Hahn an den Flügeln fest.

»Ach, du trefflicher Hahn, jetzt ist die dir gesetzte Frist gekommen. Nicht meinetwegen, sondern wegen denen, die dein Fleisch wollen. Ich bin gezwungen, das Urteil an dir zu vollstrecken, obwohl du mir fürchterlich leid tust und ich deinen Tod betrauern werde. Ab heute wirst du nicht mehr von Körnern träumen, auch nicht davon, die verblendeten Weibchen zu bespringen, die all ihre Zeit nur mit der Nahrungssuche verbringen. Du aber hast den Kopf immer voll Stolz aufrecht getragen. Hast mehr nach dem Himmel, als auf die Erde geschaut. Adieu denn, du Edler, Anmutiger, Schöner.«

Dann nahm er das Rasiermesser, schlachtete ihn, warf ihn auf den Boden, damit er sich im Sand wälzte und auszitterte. Der Hahn richtete sich für einen Moment mit hervorquellenden Augen auf und sprang empor, nur um gleich darauf bebend niederzustürzen. El Salhami hat die Gewohnheit, mit jedem Hahn, den er schlachtet, zu reden. Niemals schlachtet er ein Huhn. Hühner sollen Küken bekommen. Ihr Fleisch schmeckt nicht, ist schlaff, weil sie sich völlig dabei verzehren, Eier zu legen und sich um die Küken zu sorgen. So sagt er. Er schlachtet immer mit dem Rasiermesser, nie mit einem normalen Messer, damit der Hahn nicht leiden muß. Ein Hahn hat eine Seele und ist keine Geige, wie er immer sagt. Ich verkaufte ihm den Petroleumkocher für dreißig Peseten. Er fragte mich – was, wenn er gestohlen ist? Ich schwor, daß er einem befreundeten Schüler gehört, der Geld braucht, um Hefte zu kaufen.

Muchtar und ich teilen uns die dreißig Peseten. Er bittet mich, daß wir, bevor wir ins Central einkehren, bei der Gasse vorbeigehen, in der seine Angebetete El Batul wohnt. Dicht bei ihrem Haus bleibt er stehen, seufzt, dann kehren wir wieder um. Ich denke mir: Er hat ihre Gasse gerochen. Muchtar lebt ganz und gar aufrichtig den Traditionen unschuldiger Liebe. Bei einer Operation seines schwachen, liebenden Herzens wird er schließlich '74 sterben.

»Liebt sie dich auch?«

»Weiß ich nicht.«

»Ich bin überzeugt, daß sie alles weiß.«

»Es interessiert mich nicht, ob sie was weiß oder nicht.«

»Redet ihr miteinander?«

»Nicht, wenn wir allein sind. Wenn ihre Freundinnen vom Institut bei ihr sind, oder wenigstens eine, dann sprechen wir ein wenig und verabschieden uns mit einem Gruß.«

Wir setzen uns ins Café, und ich beginne, ihm aus »Die kranke Leila im Irak« vorzulesen. Er seufzt und erklärt mir die Wörter, die ich nicht kenne.

In der Schule sah ich meinen Namen auf der Liste der Schüler, die einen Platz im Internat bekommen haben. Es war Sonnabend. Montag würde das Internat öffnen. Fatima freute sich und gratulierte mir mit drei Küssen auf die Wange. Das war am Sonntag, und sie schminkte sich gerade, um ihren Feiertag in den Bars zu beginnen.

»Wehe, du besuchst mich nicht mehr und gibst Salwa keinen Unterricht. Ich verlasse mich auf dich.«

»Deine Salwa ist meine Salwa.«

Mit strahlendem Gesicht schob sie mir zwanzig Peseten in die Hand. Ich lehnte nicht ab. Sie hatte mich daran gewöhnt. Sie übte einen Beruf aus, und mich erwartete ein ganzes Schuljahr lang der finanzielle Bankrott, bevor es wieder Sommerferien gab und ich nach Tanger zurückkehren konnte. Ich unterrichtete Salwa, und dann machte ich mit ihr einen Spaziergang. Ich kaufte ihr von dem Geld, das mir ihre Mutter gegeben hatte, Schokolade. Wir schlenderten im öffentlichen Park herum und spielten. Danach brachte ich sie wieder zu ihrer Kinderfrau Lalla Fatina.

Zurückgekehrt fand ich Hamid lesend vor, und Saida kochte eine Tajine aus Fisch. Auf der Kiste standen eine Flasche Wein und zwei halbvolle Gläser.

Kein Zweifel, daß Saida eingekauft hatte. Hamid war pleite.

Im Internat fühlte ich mich nicht sonderlich gut aufgehoben. Sicher, das Bett war sauber, das Essen besser als im Speisesaal der Schule. Aber durch die Unterwerfung unter das strenge Gesetz der Hausordnung fühlte ich mich wie ein gefangenes Tier. Die meisten in meinem Zimmer kamen aus den Städten im Norden und gehörten zur Bourgeoisie. Ich überlegte, ob ich die Leitung bitten sollte, mich in ein anderes Zimmer zu verlegen, wo die Mehrzahl vom Land war, arm wie ich. Aber wer war ich schon, um etwas zu fordern? Wahrscheinlich verlangten sie eine Erklärung, die mir vielleicht unvorhersehbare Nachteile einbringen würde.

Es gibt nur Doppelstockbetten. Ich liege oben, das untere Bett hat einer aus Ksar El Kebir, der sich von den anderen fernhält. Er interessiert sich für nichts anderes als Mathematik. In anderen Fächern schreibt er zwar einiges mit, lernt aber den Stoff nicht. Er vernachlässigt sein Äußeres, rasiert sich nur einmal die Woche. Ständig trägt er ein Heft mit sich herum, das er mit Algebra- und Geometrieübungen füllt. Er schreibt auf den Fußboden, die Toilettentüren, auf alles, wo sich mit Kreide etwas anfangen läßt. Kalkwände bekritzelt er mit Kugelschreiber. Er schleppt immer eine Kerze in der Tasche mit sich herum, die er nachts mehrmals anzündet, um auf dem Fußboden eine Algebraaufgabe zu lösen. Sein Schlaf ist immer wieder unterbrochen. Er geht mehrmals pinkeln. Der erste, der ins Bett schleicht, und der letzte, der es verläßt. Das Frühstück verpaßt er meistens. Er soll aus einer reichen Familie kommen, habe ich gehört. Ich werde durch seine Alpträume geweckt, er träumt laut. Seine Sätze sind kurz und undeutlich. Redet ihn einer an, antwortet er manchmal nur mit einem Achselzucken, oder er lächelt, ohne dabei den Mund zu verziehen und geht weg. Ich sage mir: Auf jeden Fall ist keiner im Zimmer so wie der, obwohl er doch zu ihrer Schicht gehört. Die anderen verbringen viel Zeit mit ihrem eleganten Aussehen, die glänzenden Gesichter werden jeden Tag rasiert. Wenn einer am Abend eine Verabredung mit einem Mädchen hat, rasiert er sich nochmal. An Feiertagen drängeln sie sich bei den Waschbecken vor den Spiegeln, um sich zu rasieren. Ich warte nicht, bis ich an die Reihe komme. Ich fülle einen Eimer mit Wasser, und wenn ich mich darüberbeuge und mein umwölktes Spiegelbild sehe, rasiere ich mich. Einer von ihnen fragte mich: »Wie hast du dir das beigebracht, ohne dich zu verletzen?«

»Ich habe unten angefangen. Habe mich lieber öfter dort verletzt, als oben im Gesicht.«

Der Direktor beaufsichtigt uns im Eßsaal und im Schlafraum. Er hat in Kairo studiert. Für uns ist er in Sachen arabische Zivilisation eine Autorität. Er beklagt sich nie, wenn ihn einer etwas fragt. Ich bin sein häufigster Frager. Einmal habe ich ihn auf der Straße getroffen und gebeten, mir den Vers von Abu l-Ala El Maarri zu erklären:

»Die Menschen sind zum Bleiben geschaffen, und es irrt
das Volk, das sie für vergänglich hält.«

Er erläuterte den Vers, sprach über das Leben des Dichters, seine Zeit, seine Ansicht über das irdische Dasein. Manchmal sehe ich, wie er in der Anstalt oder auch draußen vor sich hinmurmelt, und dann denke ich: Wahrscheinlich rezitiert er jetzt eine Sure aus dem Koran oder ein klassisches Gedicht.

Si Abdallahs Café habe ich nicht vergessen. Hamid geht nur selten hin. Er zieht es vor, in El Salhamis Restaurant zu sitzen und wenn möglich etwas zu essen zu kriegen, oder mit dem Patron Kif zu rauchen. Das tut er auch mit Monfrere in dessen Barbierladen. Er trinkt mit ihm abends oder an den freien Tagen auch tagsüber Wein. Gewöhnlich hat Monfrere es nur mit Leuten zu tun, die neu in der Stadt sind. Selten kommen sie ein zweites Mal – wegen seiner Sucht. Nicht, daß sie die Sauferei störte, aber seine Hände zitterten bei der Arbeit. Aus der Stadt selbst kommen nur Trinker zu ihm, solche wie er.

In den Ferien verreisen die meisten Schulkameraden. An diesem Sonntag morgen ist es kalt und bewölkt. Ich werde erst bei Si Abdallah Tee trinken und dann zu Salwa gehen. Sieben oder acht Kunden sind da. Zwei spielen Karten. Si Abdallah sagt zu einem dicken Mann, indem er zu mir hinüberweist: »Da, einer von ihnen ist gekommen.«

Sie holen mich an ihren Tisch. Neben dem zahnlosen Mann liegt eine Trommel. Si Abdallah sagt im Aufstehen zu dem armseligen Mann: »Dieser Student wird dein Problem lösen.«

Ungläubig fragt der: »Bist du wirklich Student?«
»Ja, wo liegt dein Problem?«
»Si Abdallah kennt die Geschichte.«
Er bringt mir Tee und setzt sich wieder.

»Dieser arme Mann will eine ebenso arme Frau heiraten. Die Mitarbeiter des Kadi haben für das Schreiben der Heiratsurkunde von ihm eine Summe verlangt, die er nicht hat. Er ist Erzähler[1], und sie verkauft Räucherwerk. Schreib du ihnen den Heiratsvertrag, und wir sind Zeugen, und Gott ist der mächtigste Zeuge für diese gesegnete Urkunde.«

An ein Gesetz zu denken, das das, was ich vorhabe, verbietet, komme ich nicht. Die Armut steht über jedem Gesetz. Ich sage: »Warum nicht? Auf denn, mit Gottes Segen!«

Der Erzähler geht hinaus und kommt in Begleitung einer verschleierten Frau im Djilbab zurück. Sie schielt auf dem linken Auge. In einem großen Korb trägt sie allerlei Hausrat. Si Abdallah bringt uns in einen anderen Raum. Wir setzen uns auf die einzige Matte in dem sonst leeren Zimmer. Si Abdallah bringt mir zwei weiße Blätter. Er überläßt es mir zu schreiben, geht hinaus. Ich halte fest, was jeder von beiden an Hab und Gut besitzt. Ein Exemplar händige ich dem Mann aus, das andere hinterlege ich bei Si Abdallah. Wieder bringt er uns Tee und betet um Segen. Wir beide, ich und Si Abdallah, heben die Hände, und ich beginne, die Bitte um Wohlgefallen zu rezitieren, während Si Abdallah immer wieder Amen sagt. Schließlich murmle ich mit gedämpfter Stimme einen Vers von Mihiar El Dailami, den ich auswendig kenne:

1 Der Erzähler, der den Leuten hübsche Sagen oder sowohl tragische, wie auch vergnügliche Geschichten erzählt.

»Bewundern tat mich bei der Versammlung ihres Stamms
Umm Saad, so daß es sie nach mir verlangte.«

Der Mann hält mir ein paar zusammengerollte Scheine hin, die ich mit den Worten ablehne: »Nein, auf keinen Fall. Das war ein gutes Werk.«

Er besteht: »Nimm es, es ist nur eine kleine Summe, gemessen daran, daß nun der Frühlingsregen einsetzt.«

Si Abdallah fügt hinzu: »Natürlich, nimm diesen Segen entgegen.«

Nachdem die beiden Eheleute weggegangen sind, sagt Si Abdallah zu mir: »Das ist die beste Tat, die du bisher in deinem Leben gemacht hast. Dir wird eine großartige Zukunft beschieden sein, so Gott will.«

»Amen.«

Ich ging zu Fatima. Sie empfing mich mit mattem Lächeln. In ihren Augen standen Tränen, sie war blaß, die Hand schlapp und kalt. Noch bevor ich fragen konnte, warum sie so traurig war, sagte sie: »Salwa ist krank. Sie hat Fieber. Ißt nicht.«

»Kinderkrankheiten gehen schnell vorüber.«

Salwa schlief im Bett ihrer Mutter. Auf einem kleinen Tisch neben dem Bett stand ein Glas, halbvoll mit frischem Orangensaft.

»Morgen gehe ich mit ihr zu einem Arzt, den ich kenne.«

Fatima sah aus, als wäre sie noch nie im Leben fröhlich gewesen. Alles, was sie an Traurigkeit besaß, kam hervor. Normalerweise finde ich sie am Sonntag zu dieser Zeit entweder beim Schminken oder schon ausgehfertig. Heute würde sie nicht in die Welt des Rausches, der Schönheit und der Gefälligkeiten eintauchen. Die Krankheit ihrer Salwa band sie stärker als alle Vergnügungen.

»Tee oder Kaffee?« fragte sie.

Höflich lehnte ich ab. Ich versprach, am Abend wiederzukommen. Auf der Straße merkte ich, daß ihre Niedergeschlagenheit auf mich abgefärbt hatte. Ich fand mich im öffentlichen Park wieder. Es war bewölkt. Kein Mensch zu sehen. In Gedanken sah ich Salwa mitten unter den spanischen Kindern spielen, deren Mütter strickten, schwatzten und ihren Kindern manche Spiele verboten, während Salwas Mutter im Central ihr Glas an andere Gläser klirren ließ. Es fing an, in großen Tropfen zu regnen, und Wind kam auf. Ich lief los, zurück zum Speicher.

Dutzende von Zementsäcken.

»Was ist das?«

»Man baut in der Kasbah an der Moschee, die Mohamed der Fünfte eingeweiht hat. Der spanische Bauunternehmer gibt mir fünfundzwanzig Peseten am Tag, wenn er den Speicher bis zum Ende der Arbeiten nutzen kann. Ein Vermögen, das vom Himmel gefallen ist. Gott wirft bisweilen solche wie uns ins stürmische Meer, aber er läßt uns nicht ertrinken.«

»Und Saida?«

»Ist auf den Markt gegangen.«

Er war dabei, das Kapitel über die Phönizier im Maghreb zu lernen. Er sagte: »Glaubst du, daß die Phönizier die ersten waren, die den Maghrebinern das Schreiben und Lesen beigebracht haben?«

»Vorher waren schon die Felsanbeter[2] da, aber die berberische Sprache ist semitischen Ursprungs, heißt es.«

Ich setzte mich. Auf dem Kistentisch stand eine halbe Flasche Wein. Er füllte zwei kleine Gläser voll. »Der

2 Druiden

Direktor hat meine Eintragung als Hörer akzeptiert. Wenn ich durchfalle, gehe ich nach Tanger zurück und werde der mächtigste Zuhälter oder Dieb oder Verbrecher. Alles ist erlaubt, wenn ich beim Lernen keinen Erfolg habe. Du bist auch nicht besser als ich. Du wirst dann vielleicht in einem Café oder im Hafen arbeiten.«

Er hatte recht. Mir waren tatsächlich keine Zauberfinger gegeben, mit denen die Taschen zu plündern sind.

Wir tranken, was in den Gläsern geblieben war.

»Fatima ist traurig, weil ihre Tochter krank ist.«

»Huren sind besorgter um ihre Kinder und kümmern sich mehr um sie als verheiratete Frauen.«

Saida kam mit einem Korb voller Sachen herein, begleitet von einem Mädchen. Sie stellte sie vor. »Aischa.«

Eifrig bot ihr Hamid einen Platz auf einer Kiste an. Wenn Mädchen da sind, ist er nett, wenn sie weg sind, beschimpft er sie. Saida zündete sich eine Zigarette an und beschäftigte sich in der Küchenecke mit der Vorbereitung des Mittagessens. Ich und Hamid beobachteten heimlich die Neue. Sie nahm eine Zigarette von mir. Hamid gab ihr Feuer und fragte: »Woher bist du?«

»Aus Ksar El Kebir.«

»Ich komme aus Asilah. Da sind wir also Nachbarn.«

Ich gab ihm zehn Peseten, um eine Flasche Wein zu kaufen.

»Bleib doch zum Mittagessen.«

»Sie tragen ein, wer fehlt. Wenn es zu oft vorkommt, verliere ich meinen Platz im Internat. Ich komme nach dem Essen wieder.«

Ich sah Muchtar El Haddad, der ganz allein unter den Gabibat-Arkaden ging. Wie gewohnt stellte ich mich ihm in den Weg. Dieses Mal sagte er gleich meinen Namen, ohne mich zu befühlen. Erkennt er mich jetzt schon am Geruch? Unter dem Arm trug er die »Pastoralsymphonie« von André Gide. Sie ist von Hassan Sadik '38 ins Arabische übersetzt worden.

»Ich habe gehört, daß das mit das beste sein soll, was dieser französische Schriftsteller geschrieben hat. Wenn du willst, können wir es heute abend lesen.«

Ohne mich auf eine bestimmte Zeit festzulegen, stimmte ich zu. Er bat mich, ihn in die Gasse seiner Geliebten El Batul zu begleiten. Drei Schülerinnen kamen auf uns zu. Sie sahen zu uns hin, lachten. Muchtars Körper straffte sich wie elektrisiert, und er preßte mit aller Kraft die Hand auf meinen Arm. »Da kommt sie mit ihren Freundinnen!«

»Es sind drei.«

»Die kleinste und hübscheste. Ihre Wangen sind gerötet.«

»Stimmt.«

»Tu, als ob nichts wäre. Schau nicht zu sehr hin.«

Als sie an uns vorbeigingen, flüsterten sie.

»Einer von ihnen werde ich ab morgen Unterricht in Arabisch geben«, sagte er.

»Wo?«

»Bei ihr zu Hause.«

»Welcher?«

»Der Braunen.«

In der Nähe des Instituts verabschiedete er sich von mir, denn in den Straßen, in denen er sich gut auskannte, kam er allein zurecht. Um vier ging ich wieder zu Fatima. Sie war nicht mehr niedergeschlagen. Salwa saß im Bett. Mit rosigen Wangen. Ihre Mutter saß neben ihr und lächelte sie an. Sie streichelte ihr das Kinn und über die Haare. Salwa schaute mich an, als würde sie mich zum erstenmal sehen. Vielleicht hatte sie mich nicht vermißt. Sie blickte wie geistesabwesend drein.

Fatima füllte zwei Gläser mit Martini, reichte mir eins. Im Radio sang Abdelwahab: »Ihre Augenlider lehren mich die Sprache der Liebe«. Auch wenn Fatima keine Ähnlichkeit mit Sallafa hatte, erinnerte sie mich doch an sie. Auch Sallafa hatte ich nie wütend gesehen, aber bei ihr, wie bei Fatima, genügte der geringste Anlaß, um alle Fröhlichkeit zu verlieren.

Ich fand Hamid allein vor. Ein altes Radio vom Typ Rasja R.C.I.A. brachte Flamencomusik. Die elektrische Lampe an der Wand machte den Raum hell. Das Radio war ein Geschenk vom Barbier Monfrere. Seit Jahren war es nicht in Gebrauch gewesen. Den Strom klaute Hamid aus dem öffentlichen Netz. Licht konnte man nur nachts einschalten. Man mußte den Draht lösen und ihn in den Speicher ziehen. Entweder früh am Morgen oder nachts vor dem Schlafengehen.

»Wo hast du die Leiter her, um an die Strippe ranzukommen?«

Er wies auf die Kisten. »Die da sind meine Leiter.«

»Was ist mit Saida und Aischa?«

»Die sind anschaffen gegangen. Werden Proviant für den Abend mitbringen. Du bist nachmittags nicht gekommen.«

»Ich habe ein bißchen geschlafen und bin dann zu Fatima gegangen. Ihrer Tochter geht's besser.«

»Setz dich.«

»Ich gehe wieder ins Internat. Wie ich schon sagte, sie schreiben auf, wer fehlt.«

»Scheiß drauf. Aischa wird bei uns übernachten. Du hast sie ganz allein für dich.«

Aischa und Saida kamen mit Eßsachen und zwei Flaschen Wein zurück. Na dann, scheiß auf die Abwesenheitsliste. Wir können immer noch unseren Lebensunterhalt in Tanger zu verdienen. Ich habe es geschafft, lesen und schreiben zu können. Ich werde keinen mehr brauchen, der mir einen Brief oder ein Buch vorliest. Immer war ich ganz versessen darauf, jemand zu finden, der mir aus einer Zeitschrift über das Leben von Schauspielern vorliest. Ich mußte daran denken, wie es mit Faouzia und Naima, Hamids Freundinnen, im Kasbah-Hotel gewesen war: ein Leben voller Kummer und voller Glück. Saida und Aischa stellten ihre Mitbringsel hin. Hamid schnappte sich eine Flasche und machte sie auf. Neben ihm lag ein aufgeschlagenes Heft.

»Was lernst du da?«

»Geschichte, die Assyrer und Babylonier.«

»Lauter Zeug, mit dem sie einem den Kopf vollstopfen. Für nichts nützlich.«

»Da bin ich anderer Meinung als du. Alles Neue wird von Altem befruchtet. Geschichte ist Geschichte, selbst wenn sie ungerecht war.«

Er goß die beiden einzigen Gläser voll. Er und Saida tranken aus dem einen, ich und Aischa aus dem anderen. Es klopfte. Er stand von der Bettkante auf, ging barfuß zur Tür und öffnete. Ein Mann mittleren Alters, in abgerissener Kleidung. Hamid half ihm, vier Säcke auf einen kleinen Karren zu tragen. Ich dachte: Eine neue Einnahmequelle, aber die Folgen könnten übel sein, wenn man uns unter der Beschuldigung festnimmt, die Säcke zu klauen und zu verkaufen. Hamid stellte das Radio an. Asmahane sang: »Genieße deine Jugend in Wien ...«

Ich sagte: »Wenn man entdeckt, daß wir Strom klauen, müssen wir bestimmt hier weg.«

»Dann suchen wir uns eben etwas anderes. Wir leben hier nicht in einem Schloß. Es gibt nichts, um das es uns leid tun müßte.«

Hamid ist immer bereit, ein neues Leben anzufangen. Er hängt an nichts. Seiner Meinung nach ist alles vergänglich und dem Niedergang und Verfall ausgesetzt.

Ich habe die »Pastoralsymphonie« beim zweiten Treffen mit Muchtar zu Ende gelesen. Wir sitzen im Café Central. Er seufzt: »Ich weiß nicht, warum das Schicksal den guten Menschen so grausam mitspielt und sich mit den schlechten verbündet. Was hat die arme Gertrud getan, um solch einen Schlag erleiden zu müssen?«

»Ich denke, der ›Hirte‹ hat sich an ihr vergangen, als er sich in sie verliebte. Hätte er sie seinem Sohn Jacques überlassen, wäre sie nicht in Versuchung geraten, sich umbringen zu wollen.«

»So sind manche Religionsvertreter. Sie beschmutzen bisweilen das, was sie rein halten sollten. Aber zumindest ist Gertrud wie ein Mensch und nicht wie ein Tier gestorben.«

Hamid lernte jetzt in der Anstalt. Er war nicht besonders eifrig. Sein Status als Gasthörer ermutigte ihn, öfter zu fehlen. Ein Fuß in der Schule, einer in Tanger. Läßt ihn heute seine Hand beim Schreiben im Stich, so nicht morgen beim Taschendiebstahl. Dank der Zementsäcke, die er nachts verkauft, kann er saufen und herumtrödeln. Er macht nicht halbe-halbe mit mir. Er gibt mir, was ihm paßt. Er ist der Herr des Speichers und aller Gaben. Er kommt mit anderen Mädchen her. Schläft in Gegenwart von Saida mit ihnen. Er hat sich Lederklamotten gekauft, mit denen er vor den Lehrern und Schulinspektoren angibt.

Jeden Tag geht er in den Bars ein und aus. Für Saida und Aischa hat er hübsche Kleider gekauft, damit sie gut zahlende Kunden anlocken. Der Duft spanischer

Parfüms umschwebt die beiden. Sie sind Nobelnutten geworden, wie man sagt.

Wir steckten in den Prüfungen des zweiten Halbjahrs, als mich ein spanisch geschriebener Brief aus dem Tuberkulose-Krankenhaus in Tetuan erreichte. Die Schrift war schön, ähnlich der von Nonnen. »Die Schreiberin dieses Briefs grüßt Sie und bittet Sie dringendst, möglichst schnell Ihre Mutter zu besuchen.«

Am letzten Prüfungstag ging ich zu Fatima und erzählte ihr von meiner Abreise. Sie bestand darauf, mir hundert Peseten in die Jackentasche zu stecken. »Alles geht vorbei. Eines Tages bist du Lehrer oder Anwalt, und dann vergißt du, daß du einmal arm gewesen bist.« Salwa war nicht zu Hause.

Hamid hatte mich zum Abendessen eingeladen, und ich sollte auch im Speicher übernachten. Als ich hinkam, trugen Saida und Aischa ihre schönsten Sachen. Der Parfümduft machte mich schwindlig. Hamid hatte gebrauchte Möbel gekauft, die Wände waren geschmückt mit Fotos von Schauspielerinnen, die er aus Zeitschriften ausgeschnitten hatte. Aus Ziegeln und breiten Brettern hatte er einen kleinen Schreibtisch gebaut.

»Was macht deine Beziehung zu dem spanischen Bauunternehmer?« fragte ich.

»Ein phantastischer Mann. Das beste an ihm ist, daß er nicht sonderlich aufpaßt. Er ist Gottes Brot, wie man so sagt. Bis jetzt hat er das Vertrauen zu mir noch nicht verloren, nichts erregt seinen Verdacht.«

»Du übertreibst mit deinen Klamotten und mit der Einrichtung des Speichers.«

»Glaubst du etwa, daß er nicht stiehlt, nämlich von dem Geld für den Bau der Moschee?«

»Möglich.«

»Na, dann halt's Maul.«

Saida und Aischa schienen mir viel schöner zu sein als sonst, und Hamid viel vertrauter. Vielleicht weil ich wußte, ich würde zehn Tage fern von ihnen sein.

# Salz wird niemals blühen

Der Gemüsehändler, den ich in Trankat kenne, erzählt mir, daß Taferseti jetzt in Burg El Afa lebt. Sechs Jahre lang haben wir uns nicht gesehen. Ich finde ihn im Café Sania, wo er gerade Karten spielt. Wir gehen zu ihm nach Hause. Unterwegs Nutten, die auf den Türschwellen herumstehen oder aus dem Fenster schauen und gleich wieder verschwinden. Jede Bewegung eine Einladung einzutreten. Alte und junge Männer flirten mit ihnen. Wenn einer den Preis für die Hochzeitsnacht weiß, geht er entweder hinein oder schlendert zu anderen weiter.

Taferseti stellte mich seiner Freundin Zohra vor: jung, klein, rundlich und hübsch. Ich setzte den schäbigen Koffer ab. Er sagte ihr, sie solle uns zum Mittagessen erwarten, und dann gingen wir.

Wir landeten in der Ribertitu-Bar. Bestellten Weißwein aus Jerez. An den Wänden ausgestopfte Stierköpfe. Die Bar hatte noch immer etwas von ihrem alten Glanz bewahrt. Es war das erste Mal, daß ich sie betrat. Als Kind habe ich mir draußen die Essensreste von den Tischen geschnappt, die Gläser ausgetrunken, ob Limonade oder Alkohol drin war, und die Kippen von blonden Zigaretten gesammelt. Jetzt wurde die Bar von Beamten, kleinen maghrebinischen Kaufleuten und hiergebliebenen spanischen Militärs besucht.

Taferseti verkauft im Sommer zusammen mit einem

Spanier eisgekühlte Getränke. Während der anderen Jahreszeiten handelt er mit Obst und Gemüse en gros, wie wir das früher schon gemacht hatten. Ich fragte ihn nach seiner alten Freundin Latifa.

»Oh, die ist verheiratet und hat drei Kinder. Ich habe danach noch viele gehabt, aber alle wollten heiraten.«

»Hast du nie daran gedacht, eine von ihnen zu heiraten?«

»Nie.«

»Warum?«

»Es ziemt sich nicht für einen Mann, eine Hure zu heiraten.«

»Warum?«

»Du kannst nicht Kinder mit einer Hure haben.«

»Was ist daran schlimm?«

»Sie werden es schwer haben, wenn sie wissen, daß ihre Mutter mal eine Nutte war.«

Er träumt davon, eine Frau zu heiraten, die nicht liederlich gelebt hat, und zwar nicht nur wegen der Kinder, sondern auch wegen der Treue. Eine Hure, das war doch klar, die würde ihn immer betrügen. Meine Fragen verwirrten ihn, also sagte er: »Du kannst von Glück sprechen.«

»Weshalb?«

»Du bist studiert. Denkst jetzt über alles richtig nach.«

»Du kannst doch auch lernen, auf einer Abendschule. Es werden jetzt in den Städten viele eröffnet.«

»Für mich ist die Gelegenheit vorbei.«

Ich wollte nicht länger auf ihn einreden, lesen und schreiben zu lernen, weil ich ihn nicht traurig machen wollte. Was mich betrifft, ich wäre verrückt geworden, wenn ich nicht hätte lernen können. Wir tranken das letzte Glas und gingen zum Mittagessen zu ihm nach

Hause. Am Abend begleitete er mich in unser Viertel Sidi Talha. Er klopfte an die Tür einer Blechhütte. Rhimou kam heraus. Er sagte zu ihr: »Da ist dein Bruder Mohamed.«

Sie lächelte aufgeregt, und in ihren Augen standen Tränen. Ich stellte meinen Koffer ab, und wir umarmten uns. Ich roch an ihr die Ausdünstungen unserer ganzen Familie: die der Gestorbenen, die der Lebenden. Ihr flossen die Tränen, ich weinte innerlich. Ein Kind tauchte auf. Ohne Zweifel mein Bruder Abdelaziz. Barfuß, mit zerschlissener Kleidung, dünn und blaß. Ihre Tränen vermischten sich mit einem Lächeln, das sie ihrer Trauer geraubt hatte. Sie sagte: »Das ist dein Bruder Abdelaziz.«

Ich hob ihn ein wenig an, zog ihn an mich, damit wir uns küßten. Er war ein Jahr alt gewesen, als ich '51 von Oran zurückgekommen war. Jetzt war er sieben Jahre alt. Noch hatte er nicht gelernt, wie er lächeln oder lachen sollte. Er wirkte verängstigt. Taferseti bat mich, ihn zu Hause zu besuchen, dann ging er. In einem der beiden Zimmer gab mir Rhimou ein Kind auf den Arm und sagte: »Das ist deine Schwester Malika. Sie ist zwei Jahre alt. Du hast von ihr noch nicht gehört.«

»Nein.«

»Unserer Mutter geht es besser. Sie spuckt nicht mehr Blut. Unser Vater ist nach Sebta, um mit Honig zu handeln.«

»Mit Honig?«

»Ja, er macht ihn aus Zucker und Honigresten und verkauft ihn an die Spanier. Er bleibt zwei bis drei Tage. Wahrscheinlich kommt er heute abend zurück.«

Als ich abends nach Hause kam, sah ich unseren Nachbar Abdelhamid auf einem Stuhl vor seiner Hütte sitzen. Er wartete auf mich. Er ließ mich eintreten. In einer Ecke sah ich meinen Koffer – aufgeschlitzt.

»Dein Vater ist ein Narr. Wir Rifis sind untereinander grausamer als anderen gegenüber. Er wollte den Koffer verbrennen. Deine Schwester Rhimou rief mich zu Hilfe, und ich habe erreicht, daß er ihn durchsucht, anstatt ihn zu verbrennen.«

Bei einem der beiden großen Bilder war das Glas kaputt und das Bild selbst in zwei Hälften gerissen. Am wichtigsten war aber, daß mein Grundschulzeugnis keinen Schaden genommen hatte. Unser Nachbar drängte mich, bei ihm zu übernachten. Ich klemmte mir den Koffer unter den Arm, dankte ihm beim Verabschieden, und vor Zorn liefen mir die Tränen herunter.

Auf dem Weg zu Taferseti kehrte ich in die Bar vom Sania-Bordell ein und trank zwei Gläser Terry-Kognak. Ich rauchte hektisch, dachte über das nach, was ich schon oft überlegt hatte, nämlich, wie ich diesen Vater aus meinem Leben entfernen konnte.

Zohra bereitete das Abendessen vor. Sie empfing mich äußerst fröhlich. Ich unterdrückte meine Nervosität. Taferseti war Brot kaufen gegangen. Mich überfiel der Gedanke, mir ein Messer zu besorgen und meinen Vater zu erstechen, oder ich versuchte, meine Geschwister herauszuholen, und die Hütte, während er schlief, anzuzünden.

Taferseti kam zurück. Als er mich tröstete, sagte ich: »Meine Mutter hat mir erzählt, daß er seinen eigenen Vater geohrfeigt und mit Füßen getreten hat, ihn im Rif in ihrem Beisein beschimpft hat. Kein Zweifel, der Stammbaum seiner Familie muß aus Verbrechern, Verfluchten und Verrückten bestehen.«

»Gott schütze uns«, sagte Zohra.

»Er wird's bereuen«, sagte Taferseti.

»Seine Reue interessiert mich nicht.«

Er öffnete eine Flasche Wein und sagte: »Für heute abend wollen wir dieses Unglück vergessen.«

Er zog Zohra in die Nähe der Tür, und beide flüsterten. Munter und fröhlich zog sie ihre Djellaba an und ging hinaus. Ich fragte ihn nach Aziza und ihren Sohn Absalam.

»Sie ist vergangenes Jahr an Schwindsucht gestorben. Schnaps und Kif haben sie umgebracht. Absalam wurde vor drei Monaten zu zwei Jahren verurteilt. Schuldig gesprochen wegen mehrerer Diebstähle.«

»Und Sebtaoui?«

»Ist nach Sebta abgehauen. Die beiden hatten zusammen einen jüdischen Händler im Markt in Trankat bestohlen. Sie haben nachts die Kasse ausgeraubt.«

Zohra kam in Begleitung eines schlanken Mädchens zurück. Taferseti begrüßte sie mit den Worten: »Herzlich willkommen, Mina. Du warst lange nicht mehr bei uns.«

Ich begrüßte sie, und sie lächelte heiter. Am Morgen brachte mir Zohra das Frühstück. Auf dem Tablett sah ich einhundertfünfzig Peseten liegen.

»Die hat er dir dagelassen.«

»Wo ist Mina?«

»Sie arbeitet bei einer spanischen Familie. Sie wohnt bei ihnen. Hat keinen Menschen hier in Tetuan. Sie kommt aus Samsa[1].«

Ich ließ fünfzig Peseten liegen, damit sie sie ihr gab. Zohra lehnte ab, hielt mir das Geld hin. »Du brauchst es mehr als sie. Sie ist unsere Freundin.«

1 Ein Dorf in der Nähe von Tetuan.

Da sie darauf bestand, nahm ich es. Dann war sie also keine Berufsmäßige. Beim Weggehen ermahnte mich Zohra nachdrücklich: »Wir erwarten dich zum Mittagessen. Versuch, ungefähr um eins zu kommen!«

# Ein Besuch

Vier Betten. Eine Kranke in dem Bett neben dem meiner Mutter. Ein Mädchen, das seine Schönheit durch die Krankheit bekommen hat. Die Schönheit der Schwindsüchtigen: rosige Wangen. Ich stellte die Früchte auf den kleinen Tisch, küßte den Kopf meiner Mutter, dann setzte ich mich auf den weißen, runden Hocker, nahe bei ihrem Bett.

»Das ist Fräulein Ghalija, die den Brief geschrieben hat, damit du kommst.«

Ich dankte dem Fräulein Ghalija, und wir lächelten uns an. Ihre Wangen röteten sich, verlegen hustete sie mehrmals. Bestimmt hat sie bei den Wohltätigen Schwestern gelernt, wenn sie so schön schreiben kann. Ich erzählte meiner Mutter, daß ich meine Geschwister besucht habe. Ich erwähnte nicht, was mir mit ihm zugestoßen war. Sie berichtete, daß es Kindern hier nicht gestattet ist, die Angehörigen zu besuchen. Das war nur Rhimou erlaubt, die schon erwachsen ist. Manchmal kam unser Nachbar Abdelhamid in Begleitung seiner Frau. Er aber – er hatte sie noch kein einziges Mal besucht.

Ghalija hustete heftig. Das lag wohl an der Aufregung. Aus einem kleinen Fläschchen goß sie sich einen Löffel voll. Durch das offene Fenster drang Kälte herein. Meine Mutter sagte: »Es muß offen bleiben, selbst wenn Schnee fällt, damit immer frische Luft ist. Wir werden mit der Kälte fertig, weil wir genug Decken haben.«

Ich erzählte ihr von meinem erfolgreichen Grundschulzeugnis. Vor Freude wurde sie ganz erregt, dann standen ihr die Tränen in den Augen, und sie hustete. Ghalija hustete auch. Bestimmt hatte ich sie an ihre Schule erinnert.

»Hast du deinen Vater gesehen?«

»Ja. Er hat sich über meinen Erfolg gefreut.«

Ich wußte, daß meine Schwester Rhimou ihr erzählen würde, was er mit mir gemacht hat. Aber das würde ein andermal sein. Eine Frau kam herein, setzte sich zu meiner Mutter auf den Bettrand. Meine Mutter sagte: »Das ist mein Mohamed.«

Dann hustete sie. Ich lächelte die Frau an, grüßte sie. Der Schmerz nimmt hier bei jedem gewaltsam erzwungenen Lächeln, jedem knappen Wort, jeder ohnehin nur flüchtigen Bewegung körperliche Form an.

Ich sagte zu meiner Mutter: »Nachts muß es hier doch mörderisch kalt sein.«

»Sie machen nur die Jalousien zu. Die Luft muß immer rein bleiben.«

Ich versprach ihr, sie zu besuchen, bevor ich nach Larache zurückkehrte.

Beim Mittagessen war ich allein mit Zohra. Sie sagte: »Es geschieht öfter, daß er nicht zum Mittagessen oder Abendessen kommt. Wahrscheinlich spielt er jetzt Karten und betrinkt sich dabei. Er verliert häufig, weil die anderen Spieler wissen, daß er nicht viel verträgt. Er weiß nicht, wie man, wenn man gewonnen hat, zur rechten Zeit aufhört.«

Ich muß dauernd pinkeln. Mein Stichel tut weh, wenn ich Wasser lasse oder ihn biege. Ein bißchen Eiter fließt. Noch mehr schmerzt es, wenn er sich aufrichtet. Die Eichel ist gerötet und furchtbar empfindlich, wenn sie an den Schlüpfer oder die Hose kommt.

# Der Honig menschlicher Schönheit

Ich traf in Tanger am Abend ein. Ich nahm mir in der Pension Lablata LA PLATA ein Zimmer. Zwischen einem Pinkeln und dem nächsten – neue Eiterpusteln an der Öffnung meines Glieds. Leichtes Fieber und Schwindelgefühl. Ich bin zu träge, um abends regelmäßig essen zu gehen. Ich habe angefangen, Cyrano de Bergerac zu lesen, und ich rauche hektisch und habe Schmerzen beim Wasserlassen. Armer Bergerac! Vielleicht war dein Schwanz so lang, daß er dir bis an die Nase reichte.

Am Morgen tat mir das Pinkeln noch mehr weh. Was mir Angst machte, war der Eiter, der unaufhörlich floß. Die Eichel war noch röter und noch empfindlicher. Ich beschrieb dem Apotheker meine Symptome, und er versprach mir Heilung in drei Tagen. Zum erstenmal eitere ich, und zum erstenmal bekomme ich eine Spritze.

Rabia hatten sie bei einer Razzia von Nutten, die nicht der offiziellen Gesundheitskontrolle nachkamen, mitgenommen. Sie wurde zu einem Monat verurteilt. Kanza wohnt im Hotel Tahiti in der Christen-Straße. Im Hafen von Tanger liegt ein amerikanisches Kriegsschiff. Die Marinesoldaten sind in den Bars, auf den Straßen und in spanischen, französischen und jüdischen öffentlichen Häusern zu finden. Ich habe drei von ihnen (darunter einen Philippinen) vom Innenmarkt zum Bordell der schönen Madame Simone geführt. Wer sagen kann: Hallo, come on de suite, der kann ein ganzes Bataillon abschleppen.

Im Empfangssalon sind Französinnen, Spanierinnen und eine Italienerin. Die Säume der Röcke geben den Blick auf ihre schlanken Schenkel frei. Sitzt eine von ihnen auf einem Hocker, dann ist die Farbe ihres Höschens zu sehen. Die hohen Absätze der Schuhe lassen den Hintern verführerisch hervorprangen. Der Honig menschlicher Schönheit wartet auf die Genießer. Wir standen an der kleinen Bar des Salons. Hatten Bier bestellt. Sich in den Hüften wiegend, kam eine an uns vorbei, dann noch zwei andere. Madame Simone sagte zu mir: »Ich gebe dir dreißig Prozent, wie es für Führer üblich ist. Trink dein Bier, und wenn sie raus sind, kommst du wieder, oder komm morgen.«

Jeder Marinesoldat gibt mir zwei Dollar. Auch wenn es nicht möglich ist zu kontrollieren, was sie verzehrt haben, zahlt jede Puffchefin einen vernünftigen Prozentsatz, selbst denen, die keine offiziellen Angestellten sind. Sie sollen ihr vertrauen.

Gegen Mitternacht verlasse ich die Hafenkneipe. Den besoffenen Philippinen führen zwei Marinesoldaten ab. Barfuß marschiert er zwischen den beiden, und sein weißer Matrosenanzug sieht nicht mehr sehr schön aus. Bestimmt haben sie seine Taschen durchsucht, und er hat sich widersetzt. Er war ernster als seine beiden Kumpel gewesen, als ich sie zu Madame Simone gebracht hatte. Diese Hurentochter gibt mir zweihundert Peseten und sagt: »Die haben nicht viel verzehrt.«

Einmal Bumsen mit einem ihrer Mädchen kostet hundert Peseten. Mein Schwanz eitert nicht mehr. Vielleicht bin ich trotzdem nicht bei jeder willkommen. Bei Marie-Carmen ist es besser. Dort eine abzukriegen, ist so gut wie sicher. Ich habe gesehen, wen sie alles akzeptieren. Fünfzig Peseten für einmal. Ihre Mädchen sind Spanierinnen. Sie sind Marokkanern gegenüber weniger eingebildet als die bei Madame Simone. Ich kenne da eine – Christobalina. Im vergangenen Jahr habe ich ihr geschmuggelte Zigaretten verkauft.

Ich stehe an der Theke. Marie-Carmen schwatzt mit einem Kunden. Ich bestelle Jerez-Weißwein. Christobalina ist da. Sie raucht und blättert in einem Magazin. Ich lade sie zu einem Glas ein. Sie lächelt heiter und pflanzt sich mit einem leichten Seufzer vor mir auf. Sie nimmt Cinzano. Unsere Gläser klingen. Ich zünde ihr eine Zigarette an, und sie sagt: »Ich habe dich seit langem nicht auf dem Innenmarkt gesehen. Verkaufst du keine Zigaretten mehr?«

»Ich studiere jetzt in Larache.«

»Das ist besser für dich.«

Wir nehmen zwei volle Gläser und gehen auf ihr Zimmer. Sie legt eine dunkelviolette Pille in eine Schüssel, rührt im warmen Wasser herum, damit sie sich auflöst, und wäscht sich. Sie gibt mir parfümierte Seife, damit ich mich auch wasche. Auf zwei Baumwollappen tröpfelt sie Kölnisch Wasser. Eins gibt sie mir, und wir reiben uns vorne damit ab. Wir setzen uns auf die Bettkante, schlürfen an unseren Gläsern und Mündern, rauchen und sprechen über das Elend, das immer mehr über die Stadt hereinbricht. Sie ist in Tanger geboren. Später werde ich erfahren, daß ihre Mutter dem gleichen Gewerbe nachging. Auch ihre Schwester hat den Beruf eine Zeitlang ausgeübt, bevor sie dann einen jungen Marokkaner, einen Schmuggler, heiratete. Als wir uns umarmen, verbreitet sich starker Achselgeruch, vermischt mit Parfüm. Sie hat eine volle Brust, und mein Gesicht ist klein, wenn es sich in ihren Augen spiegelt.

# Süße Ferne

Noch bevor ich an die Tür klopfe, sagt mir das Nachbarsmädchen von gegenüber, das mit einer Freundin auf Kreide-Vierecken Hüpfen spielt: »Deinen Freund hat man aus dem Speicher verjagt.«

Dann hüpft sie gleich wieder weiter, wobei sie auf spanisch fragt, und ihre Freundin antwortet.

»PISO – übertreten?«

»NO – nein.«

»PISO?«

»NO.«

Als sie das Ziel erreicht hat, frage ich sie: »Verjagt? Wieso?«

»Zwei von der Polizei sind gekommen und haben ihn und das schwarze Mädchen und ihre Freundin mitgenommen.«

Ich mietete mir ein Zimmer im Hotel Málaga und ging dann raus, um mich in den Straßen umzusehen. Es war fünf Uhr nachmittags. Ich fand Muchtar bei sich zu Hause, er war bedrückt. Seine Mutter begrüßte mich, bot mir Tee und schwarzes Brot mit Butter und Honig an. Nicht lange, und Muchtar war der dringende Wunsch anzumerken hinauszugehen. Irgend etwas war passiert. Er war viel trauriger als sonst. Im Café Central sagte er: »El Batul hat sich mit einem Lehrer verlobt.«

»Frauen bevorzugen die Ehe vor der Liebe.«

»Aber was nützt eine Ehe ohne Liebe?«

»Frauen wollen es eben so.«

»Dann Fluch über die Liebe.«

»Fluch auch über die Ehe, denn am Anfang heißt es Ja und am Ende Nein.«

Das Kindermädchen von Salwa teilte mir mit, daß Fatima nach Spanien gereist war, um dort zu arbeiten. Salwas Großvater war gekommen und hatte sie mitgenommen, damit sie die Ferien auf dem Land verbrachte. Ich dachte: Fatima ist bestimmt weggegangen, um in einer Bar oder einem Tanzlokal zu arbeiten. Hamid haben sie für zwei Tage auf der Wache eingesperrt, und als er entlassen wurde, ist er nach Asilah gegangen. Saida und Aischa sind in eine andere Stadt gezogen. Ich fühlte bittere Einsamkeit. Die kleine Welt, die ich mir außerhalb der Schule aufgebaut hatte, war zusammengebrochen. Der Apfel abgenagt, die Apfelsine aufgeteilt, der Nektar der Maulbeere über die Lippen geflossen, und nun begann die Sehnsucht einer süßen Ferne zu gelten.

# Wiedergefundene Schönheit

Als ich das Aufnahmeverfahren für das Lehrerinstitut bestanden hatte, fühlte ich mich wie neugeboren. Ich glaubte fest daran, eine unüberwindliche Schutzwand zwischen mir und Verächtlichkeit, Unwissenheit, Elend errichtet zu haben. Was für eine Dummheit! Das Unheil sollte größer als meine Freude sein.

Mein Vater begrüßte meinen Erfolg nur insoweit, als ich ihm von meinem Monatsstipendium etwas abgeben würde. Noch bevor ich die erste Zahlungsanweisung erhielt, begann er bereits wegen des Entgelts für mein Essen und die Übernachtung in der Blechhütte, in der sich die Ratten tummelten, zu feilschen. Das Geld betete er mehr als Gott an. Aber nach wie vor unternahm er nichts, um selbst etwas zu verdienen, sondern wartete darauf, daß andere das für ihn machten. Alles, was sich bei mir an Haß in der Vergangenheit aufgestaut hatte und vor sich hinbrütete, erwachte mit einem Schlag aufs neue. Der ganze Terror ging wieder los. Ich weiß nicht, warum er meint, unbedingt mit mir abrechnen zu müssen. Er verfolgt mich, ob anwesend oder nicht. Mir kommt es vor, als sehe er wie ein Verbrecher aus, als habe er ein Gesicht wie einer, der gerade aus dem Gefängnis kommt, wo er Schwerstarbeit verrichten mußte und die Folgen für Widerspenstigkeit zu spüren bekam. Wie lange werde ich all meinen Haß einzig ihm weihen?

Sommerferien im Jahr Sechzig. Die Zeit hat mich von den alten Gefährten in Tetuan getrennt. Von einigen ist nur noch der Name geblieben. Manche erkennt man, wenn man sich sieht, manche auch nicht. Als einziger ist mir Taferseti geblieben. Sein Geschäft blüht. Er besitzt fast das Monopol bei Kiosken mit eisgekühlten Getränken, den transportablen und nicht transportablen. Dazu kommen noch drei Läden. Ich begegne ihm selten, suche auch nicht nach ihm. Wir haben an der gleichen Brust des Elends gesaugt. Vielleicht will er die alte Haut abstreifen. Er hat sich völlig ins Herumhuren, in Klüngelein mit Geschäftsleuten und Autoritäten gestürzt, die mit ihren neu erworbenen Positionen prahlen. Wir trinken ja noch immer auf die Unabhängigkeit. Einmal hat er mich ins Bordell Filla Rusa VILLA ROSA, das an der Straße nach Martil liegt, mitgenommen. Ich hätte mir nie vorgestellt, daß er so verschwenderisch sein könnte. Ganze Flaschen Champagner goß er zu Füßen der spanischen Nutten aus. Jauchzer und Hochrufe: Es lebe deine Mutter, Mohamed!

Ich trank bis zum Morgengrauen allein auf seine Rechnung. Ich vermißte ihn nicht. Lief zu Fuß in die Stadt zurück. Um mir nicht den Rausch zu verleiden, der mir von der Feier geblieben war, sagte ich mir: Es ist der Suff. Weder kann er was dafür, noch ich. Ich bin ja auch betrunken. Als ich in der Tasche nach einer Zigarette suchte, fand ich ein paar zerknüllte Scheine. Einige hundert Peseten. Kein Zweifel, er mußte sie mir zugesteckt haben, ohne daß ich es merkte, oder er hat sie mir gegeben, und ich habe es vergessen: ein schwarzes Loch.

Ich hocke in einem der Cafés am El Feddane herum, um mit den Gästen kostenlos Kif zu rauchen. Ich spiele auch Karten, ohne einen Einsatz zu machen. Meistens gibt mir meine Mutter Geld für eine Schachtel Zigaretten und ein Glas Tee. Manchmal, wenn ein Kunde das Gespräch mit mir angenehm findet, bezahlt er für mich, und ich behalte mein Geld. Ich gehe oft in die englische Bibliothek. Lese, bis sie schließt. Einmal habe ich einem alten englischen Ehepaar meinen Dienst als Führer angeboten, und meine Begleitung hat ihnen sehr gefallen. Was ich an englischen Wörtern kannte, reichte dafür aus. Die Karte der alten Stadt war mir noch immer im Gedächtnis. Sie machten ein Foto von mir mit jedem von ihnen und gaben mir hundert Peseten. Das Geld reichte für Tage.

»Der ist doch genauso blöd wie ich. Ein Strolch. Wie will er da studieren? Bestimmt hat man sich geirrt, als man ihn die Prüfung bestehen ließ.« So pflegt mein Vater vor den Nachbarn, seinen vom Franco-Krieg versehrten Kameraden und anderen Arbeitslosen am Feddane-Platz oder wo immer sie sind, über mich zu reden. Seine Niederträchtigkeit mir gegenüber findet kein Ende. Sie wird mich verfolgen, selbst wenn er tot ist. Wenn meine Mutter widerspricht, schlägt und verflucht er sie, wie er es immer schon mit ihr und uns gemacht hat.

Ein paar Leute stimmten ihm zu, weil sie Söhne hatten, die sich von Gemeinheiten nährten. Warum sollte ich nicht dazugehören, wo wir doch alle im gleichen Dreck steckten! Aber es gab auch Ausnahmen. Ein Alter hielt mich auf der Straße an. »Bist du der Sohn von Haddou Allal El Choukri?«

»Ja.«

»Stimmt es, daß du Lehrer wirst?«

»Ja.«

»Gott helfe dir. Die Leute wünschen sich einen Sohn wie dich, und dein Vater hält dich für dumm.

Er macht sich lustig über dich. Dein Vater ist es, der blöde ist.«

»Ich weiß. Er wurde nur geboren, um alle zu hassen. Er liebt nicht einmal sich selbst.«

»Behüte uns Gott.«

Ich hole mir die Sehnsucht nach den Plätzen meiner Kindheit in den Irrgärten von Gassen, Vierteln und Vororten zurück: Tage der Gemeinheit und jugendlicher Gewalt. Ein Kiez überfällt den anderen Kiez[1], Obstklau in den Gärten, am Flußufer wetteifern wir nackt beim Onanieren: Ich hab's als erster rausgespritzt, ... ich als zweiter ... Das Ain Khabbaz-Viertel, unser altes Haus in der Gharsat Baninas. Mit Steinen und Stöcken kämpfen wir. Jubeln über Frühlingsregen, Sonne und Schwalben. Wir tanzen und schreien. Ein Hahn, der nicht zu sehen ist, kräht in der Nähe. Der strahlende Gürtel der Fatima[2], wir reiten auf Eseln, hängen uns an abfahrende Lastwagen ran. Die Spuren vom Brand des Zauns sind noch immer an den noch stehenden oder halb herausgerissenen Pfählen zu erkennen. Der Feigenbaum hat nicht zu grünen aufgehört, ragt stolz empor. Kletterpflanzen ranken hinauf, verflechten sich ineinander, so daß ein Teil seiner Schönheit verdeckt wird. Wiedergefundene Schönheit ist immer schöner. So alt man auch ist, das Staunen hört nie auf.

Ich schreibe ein paar Kapitel dieser Autobiographie im Jahr neunzig. Im Sommer vergangenen Jahres besuchte mich in Tanger ein Freund, der japanische Orientalist Nutahara, in Begleitung seiner Frau Schuku. Er war dabei, das *Nackte Brot* ins Japanische zu

1 Viertel
2 Regenbogen

übersetzen. Dreißig Seiten waren geschafft, dann hat er aufgehört.

»Ich dachte, daß die Übersetzung leichter, genauer und klarer sein wird, wenn ich die Schauplätze des Buchs mit eigenen Augen sehe.« So sagte er. Wir haben in Tetuan begonnen, um dann nach Tanger zurückzukehren. Das Wasserbecken war das erste, was wir uns angesehen haben. Er hat es von allen Seiten fotografiert. Als er fertig war, sagte er lächelnd: »In deinem Buch hast du das Becken mit allem Drumherum als besonders schön beschrieben, aber weder ist es das, noch weist irgend etwas darauf hin, daß es einmal schön war.«

Ebenso liebenswürdig antwortete ich: »Das ist die Aufgabe der Kunst: Daß wir das Leben verschönern, selbst in seinen häßlichsten Bildern.« Dieses Bassin hat sich meinem Kindheitsgedächtnis als schön eingeprägt, und da ist es unausbleiblich, daß ich es mir, selbst wenn es ein morastiger Tümpel wäre, so und nicht anders wieder heraufbeschwöre. Außerdem bin ich lange Zeit fortgewesen.

Sengende Mittagshitze. Ich stehe am Beckenrand und betrachte das Haus, das wir zu Anfang der vierziger Jahre bewohnten. Das Haus schönsten Elends und täglicher Streitereien zwischen meinen Eltern. Jetzt sieht es mit dem weißen Anstrich und der neuen Tür prächtig aus. Als wir darin lebten, war die Farbe abgeblättert, fahl, bröcklig; mehrmals war die Tür damals ausgebessert worden, mit Brettern, die noch älter als die Tür waren.

Eine leicht ergraute Frau kommt heraus. Ihre schwere Brust hängt herunter, aber das Gesicht ist anmutig. Ein bäuerliches Gesicht. Hinter ihr erscheint eine junge Frau, umringt von zwei kleinen, barfüßigen Kindern.

»Wir haben früher hier gewohnt.«

»Wessen Sohn bist du?«

»Der Sohn von Maimuna.«

»Wir sind nach euch eingezogen. Ich kenne deine Mutter. Habe sie lange nicht gesehen. Wo wohnt ihr jetzt?«

»In Sidi Talha: Barjusan Antonio BARIO SAN ANTONIO.«

»Wie geht's der Armen?«

»Nicht schlecht.«

»So Gott will, werde ich sie besuchen. Bestell ihr Grüße von mir.«

»Wird gemacht.«

Ich habe kein Kleingeld, um den Kindern etwas zu geben, auch nichts, was ich der Frau hätte zustecken können. Dankend entschuldige ich mich und entferne mich. Ich gehe den Palmenweg lang, lasse in meinem Gedächtnis das Gemisch von Freude und Trauer auferstehen, das ich in diesem Viertel erlebt habe. Das Institut El Bilar ragt noch immer stolz empor. Ich weiß nicht, was ich – außer Lesen – mit der vielen freien Zeit tun soll. Wenn ich in Tanger wäre, hätte ich keine solche Langeweile verspürt. Dort könnte ich mir trotz meiner Niedergeschlagenheit und Armut einiges an Genuß verschaffen. Die Einsamkeit dort ist eine Freiheit, die nach wilden Maulbeeren schmeckt. Hier hingegen ist sie aufgezwungen und schmeckt bitter wie die Koloquinte. Ich streiche um den Platz herum, wo früher das Kabarett La Pergola war: Tango und Carlos Ghardel, Concha Biker, Flamenco, Los Coblas[3] und Zigeunertanz. Das Haus der jungen Italienerin, aus deren Abfall vor der Tür ich Zigarettenkippen mit blutroter

3 Volkstümliche Lieder

Lippenstiftfarbe heraussuchte. Mit sinnlicher Lust habe ich die geraucht. Bis sie mich eines Tags überraschte, als ich ihren Mist nach Kippen durchstöberte, woraufhin sie dann keine mehr wegwarf. Ich gehe am Park der Verliebten vorbei. Geld für eine Tasse Tee im Café El Mugharat habe ich nicht. El Hadi Giovanni singt: »Unterm Jasmin, heute nacht«. Der Handel meiner Mutter stockt Mitte des Monats. Manchmal kann sie mir nichts geben. Ein Hauch von Parfüm versüßt die Stimmung inmitten des leuchtenden Grüns, wo die unerfahrenen Verliebten herumstolzieren. Im Wasserbecken gibt es nur noch kleine bunte Fische. Die Alkoholiker, die nachts drin baden, haben die Fische mit dem Korb gefangen, gebraten und als Nascherei gegessen, erzählt man sich. Die Enten sind auch aus dem Park verschwunden. Früher hatte es hier einen Affen gegeben, den die Kinder in seinem Käfig gerne ärgerten, und einen Fotografen, der den Verliebten mit freundlichem Lächeln anbot, eine Aufnahme von ihnen zu machen. Die verliebten Marokkaner, überwältigt vom Heldentum der Freiheit, kommen aus den Schlupfwinkeln und aus den Häusern auf die Straße und ziehen in europäischer Kleidung und mit Krawatten in die Kinos und unter die Bäume. Die Farben sind nicht immer harmonisch abgestimmt. Das Vorankommen auf Schuhen mit hohen Absätzen ist mühsam. Was für ein Hochmut und welche Koketterie naiver Einfalt. Die Zeit der Liebe ist noch nicht gekommen.

Mehr als einmal am Tag schlendere ich durch Trankat, den oberen Markt, die große Gharsa und die Mellah[4]. Der Verkehr, die Handarbeit, der Lärm von Handel und Gewerbe, der in diesen Vierteln herrscht,

4 Das jüdische Viertel

lindern die Nervosität meines Nichtstun und der Langeweile, aber die Vorstellung, ich müßte eines Tags wieder eine dieser Arbeiten verrichten, ist schrecklich. Mir reicht, was ich als Lehrjunge an Erniedrigung aushalten mußte.

Meine Geschwister und ich schlafen in einem Raum und meine Eltern im anderen. Mein Vater und ich sprechen nicht miteinander, und um seinen Anblick zu vermeiden, kehre ich erst gegen Mitternacht heim. Wenn er mich kommen hört, beginnt sein fluchendes Gebrumme. Meistens geht es dabei um mich. Bestimmt schläft meine Mutter. Jedenfalls gibt es keinen Dialog, aber er wendet sich an sie, als höre sie ihm zu. Sie wird noch aufwachen. Ist er müde, beschimpft er sie, was sie für Schweine geboren hat, dann schläft er ein und schnarcht. Jeder von uns besteht hartnäckig auf seinem Wahn: Er kann sich nicht damit zufrieden geben, daß ich sein Sohn bin, und ich kann es nicht hinnehmen, daß er mein Vater ist. Jeden Tag wird unser gegenseitiges Unglücklichmachen belastender. Der schöne Trug vom einander Verstehen geht uns ab. Sicher ist, daß er noch nie von der Zuneigung eines Menschen geträumt hat, daß er sich nicht einmal selbst liebt, und auch Tiere und Dinge mag er nur, wenn sie ihm nützlich sind.

Anfang September. Ich wünsche mir, daß dieser faulige Sommer schnell vergeht, damit ich dem Herbst in die Arme sinken kann und eilends der Winter kommt, der mich in die Wärme des Träumens mit offenen Augen von wiedergefundener Schönheit hüllt.

Selten nur komme ich, wie heute, schon am Spätnachmittag in die Hütte der Flüche und des täglichen Unheils zurück. Hungrig und müde. Mein Bruder Abdelaziz verkauft Sämereien, und Süßigkeiten an die

Kinder des Viertels, wofür er eine Kiste benutzt, die für ihn ein richtiger Krämerladen ist. Er ist der geborene Händler. Oft zählt er in unserer Gegenwart demonstrativ sein bißchen Geld. Er prahlt damit herum, was er eingenommen hat und treibt unsere beiden Schwestern an, auch etwas zu verdienen. Könnte er doch nur unseren untätigen Vater dazu herausfordern! In der Hütte finde ich Habiba vor, die gedankenverloren auf das lauscht, worüber meine Mutter und meine Schwester Rhimou sich unterhalten. Meine Schwester Malika ist auf dem Schoß meiner Mutter eingeschlafen. Die Vertrautheit und Offenheit im Umgang mit Habiba ist eine Fortsetzung der Freundschaft zwischen meiner und Habibas Mutter. Auch diese hatte sehr unter der Härte ihres skrupellosen Mannes gelitten, doch sie setzte sich so lange zur Wehr, bis er sie schließlich besiegte, indem er Habiba, das einzige Kind, verheiratete – an einen alten Viehhändler (einem Freund von ihm), als sie noch nicht einmal siebzehn war. Nach einem Jahr und ein paar Monaten verstieß der Alte sie, weil sie kein Kind bekam. Ihr Vater und dessen Schwester behandelten sie schändlich, und Habiba hatte niemanden, bei dem sie Schutz suchen konnte. Als sie anfing, Geschirr zu zerschlagen und Kleidungsstücke zu zerreißen, steckten die beiden sie in eine Nervenheilanstalt. Im Krankenhaus verfiel sie in Raserei und führte, laut schreiend, Tänze auf, bis sie entweder in Ohnmacht fiel oder man ihr eine Spritze gab. Nach einigen Monaten kam sie heraus und führte ihr normales Leben weiter. Eines Sommers lernte sie am Strand von Martil einen jungen Mann kennen, der dort mit seiner Familie den Urlaub verbrachte. Er heiratete sie in Tetuan, und sie ging mit ihm nach Rabat. Er arbeitete in einer Reparaturwerkstatt. Sie bekamen vier Kinder, aber da er sie dauernd bis aufs Blut quälte und schlug, lief sie davon. Die Kinder blieben bei ihm. Er ließ sich von ihr scheiden, und sie ging nach Sebta, wo ihr Wahnsinn wieder ausbrach. Sie begann wieder wie verrückt zu tanzen, zankte sich betrunken in den Vierteln der Armen herum, kokettierte mit den Männern und verhöhnte die Frauen. Man nannte sie die schöne Närrin. Sie hatte keine feste Unterkunft, schlief dort, wo ein Landstreicher ihr einen Platz in einer der Hütten des Barinsini-Viertels anbot. Manchmal machte sie sich einen Kranz aus Blumen, setzte ihn auf den Kopf und zog laut rasselnd vier, an einen Strick gebundene Blechkanister hinter sich her. Mit den vier Kanistern wollte sie, wie sie sagte, ihre Kinder symbolisieren, die sie in Rabat bei ihrem brutalen Mann gelassen hatte. Wenn sie eine Zeitlang ruhig war, gefiel sie allen, die sie kannten und nicht kannten, so daß die Leute ihr Kleidung schenkten und ihr zu essen gaben.

Als ihr Gelärme wieder ein beunruhigendes Ausmaß annahm, brachte man sie nach Tetuan in die psychiatrische Abteilung des Krankenhauses, damit sie dort ihre Tanzanfälle austobte, bis sie wie üblich ohnmächtig zusammenbrach oder mit einer Spritze ruhiggestellt wurde. Als sie die Klinik verließ, lebte sie ruhig, alles vergessend vor sich hin. Von da an begann sie, ihr Leben selbst in die Hand zu nehmen. Sie kaufte sich prächtige Kleider und schlenderte jung und schön durch die Straßen. Ihr Vater besaß ja etliche Geschäfte und Häuser. In einem davon wohnte sie im Erdgeschoß, mit ihrer verwitweten und kinderlos gebliebenen Tante darüber. Beiden war eine Monatsbetrag ausgesetzt, von dem sie, wenn auch knapp, leben konnten – in der Erwartung darauf, was mit den vom Schicksal Benachteiligten geschieht, wie man so sagt. Später hat Habiba dann noch einmal geheiratet, nachdem sie etliche Jahre lang durch die Straßen gezogen war. Nach sieben Monate Ehe starb sie, erneut schwanger, an der Cholera.

Ich fand es immer angenehm, wenn sie zu uns kam und mit meiner Mutter über ihre Probleme mit dem Mann und den Kindern in Rabat sprach.

Rhimou ging zu ihrer buckligen Freundin Fatima, unserer Nachbarin. Meine Mutter hatte in der Küche, die im Hof untergebracht ist, zu tun. Malika schlief immer noch. Habiba lud mich zum Abendessen ein, und plötzlich schwand meine Müdigkeit dahin. Sie wohnte im Malaga-Viertel. Sie schob mir tausend Francs, in zerknüllten Scheinen in die Hand. »Nimm das, kauf was zum Trinken. Ich gehe nach dir los. Warte vor dem Kino auf mich.«

Meine Mutter war mit dem Kochen beschäftigt. Sie fragte nie nach meinem Kommen und Gehen. Entweder schlafe ich in der Hütte oder nicht. Das hatte sich zwischen uns seit langer Zeit eingespielt. Sie sah mich beim Hinausgehen.

»Ich gehe noch mal weg.«

Sie nickte mir zu, sagte nichts. Es war nicht ihre Art, jemanden lange anzusehen. Ständige Trauer hatte ihren Blick verschlossen. Sie war mir gegenüber liebevoller als zu meinen Geschwistern. Vielleicht, weil ich ihr Ältester war; vielleicht, weil ich durch ein Wunder der Hungersnot entkommen war; vielleicht, weil ich im Rif geboren bin und mit ihr die Sprache ihrer Familie spreche; vielleicht, weil ich weit weg von ihr lebe. Meine Geschwister, die in Tanger und Tetuan geboren sind, sprechen nicht Rifi, auch wenn sie es ein wenig verstehen. Sie wollen es nicht lernen. Meine Mutter redet in Rifi mit ihnen, und sie antworten ihr in der Umgangssprache. Sie versuchen, so gut wie möglich ihre Herkunft zu verbergen, weil sie glauben, daß die Rifis zurückgeblieben sind. So wie sie denken viele.

Bis heute weiß ich nicht, wieviel Kinder meine Mutter geboren hat. Mir wurde ein Bruder geboren, der starb, auch eine Schwester, die ebenfalls starb, ohne daß ich in Tanger davon erfahren hätte. Bis zu ihrem Tod, am 8. Juni 1984, habe ich meine Mutter niemals danach gefragt.

Im Malaga-Viertel trank ich zwei Gläser Weißwein bei einem spanischen Wirt und kaufte eine Flasche davon. Habiba hatte mir das Haus beschrieben. Ihre Wohnung war einfach und sauber. Sie erinnerte mich an die von Fatima in Larache. Das Zimmer einer alleinstehenden Frau, zum Schlafen und Wohnen eingerichtet. Eine Frau, die es genießt zu putzen und zu wienern, weil es die Harmonie des Lebens verschönert. An der Wand ein Foto, auf dem sie als Kind mit ihrem Vater am Bab El Tut steht, dann ein Bild, das sie in der üblichen Hochzeitskleidung zeigt, eins von ihrer Mutter in einem großen Rahmen. Zwei Puppen auf dem Kleiderschrank, eine Pendeluhr, eine Kuckucksuhr. Ein Nachttisch, erhellt von einer Lampe mit Schirm, ein Spiegel über einem Marmortischchen, auf dem Schminksachen lagen und eine verzierte Blumenvase mit einem Rosenstrauß, umgeben von weißen Blumen, stand. Wir tranken, aßen Tajine aus Fisch und rauchten, und erzählten uns von unseren Sorgen. Als wir des Redens müde waren, versicherten wir uns, daß der Mensch die Wahrheit über sich selbst und über die anderen nur durch Unglück und Katastrophen kennenlernen kann. Ihr Haar hing jetzt lang hinunter. Als sie bei uns in der Hütte war, hatte sie es geflochten getragen. Jetzt war sie schöner. Anmutige, harmonische Bewegungen, sanfte Stimme, langsames, glückliches Sprechen, schläfriger Blick. Manchmal sah sie zerstreut aus, wenn ich vom Lernen in Larache oder über mein Leben in Tanger redete. Es freute mich, als sie mich zum Übernachten einlud, dann mußte ich wenigstens nicht die blöden Flüche hören, die mein Vater in der elenden Hütte jede Nacht herauskotzte. Sie wollte unbedingt, daß ich in ihrem Bett schlafe und sie auf der Chaiselongue, aber ich bestand darauf, auf der Chaiselongue zu schlafen. Ich legte mich angezogen hin. Es war dunkel und still. Ich dachte über vergangene Begierden und Gelüste nach. Diese Nacht würde vielleicht nicht zu meinen besten gehören, aber immerhin war es angenehm so. Ich drehte mich mehrmals hin und her, was das übliche Anzeichen für Schlaflosigkeit war. Verlangen überkam mich. Seit mehr als zwei Monaten hatte ich keinen Schenkel und keine Brust berührt, hatte mich keine süße Wollust betäubt, obwohl das Onanieren durchaus von Reiz war und Vorzüge bot: Man genießt mehr Freiheit, ist aller Sorgen, die eine dauerhafte Beziehung mit sich bringt, ledig, und muß keine Angst vor Krankheiten von Professionellen haben. Doch hinter allem steckt eine Absicht, und jeder Mensch versucht das zu bekommen, was er gerne mag. Sollte ihre Einladung etwa nur ein Akt der Wohltätigkeit gewesen sein? Die Suche nach Gesellschaft, um gemeinsame Sorgen zu vertreiben? War da nicht vielleicht doch der Gedanke, einen Wunsch, ob erst wachsend oder schon ausgereift, umzusetzen? Bestimmt hat sie mich eingeladen, weil sie ein eindeutiges Verlangen nach mir verspürt. Nur weiß ich nicht, was ihr schlummernder Wahnsinn für mich verbirgt! Ich möchte keine neuen Wahnsinnstänze auslösen. Aber die Gier, einen Teil meines Ichs in ihr aufzulösen, macht mich verrückt und bringt mich zur Raserei. In Tanger passierte es mir öfter, daß ich in einem Hotel oder bei einem Freund aufwachte und nicht wußte, wer die Frau war, die neben mir schlief. Es kommt auch vor, daß ich mich an eine Frau, die mich im Schlaf verläßt, nur erinnere, weil ich in ihr meinen Pulsschlag gespürt habe: Nur Suff und nächtlicher Zufall haben uns vereinigt. Aber Habiba ist keine Zufallsbekanntschaft, und wir haben uns auch nicht betrunken. Und wenn sie sich mir widersetzt? Nähme ich sie mit Gewalt, würde ich damit auch die Freundlichkeit vergewaltigen, die sie mir entgegengebracht hat. Warum lasse ich diese Nacht nicht von erhabenem Schweigen und dem Genuß von Vertrautheit erfüllt sein?

Rücksichtsloses Verlangen verdirbt alles Schöne. Schon stand ich auf, schlich verstohlenen Schritts hinüber und schob mich, noch immer angezogen, an sie heran. Sie lag zusammengekauert wie ein Embryo da. Das Haar hing ihr übers Gesicht. Sie streckte sich entspannt aus, doch gleich darauf rollte sie sich wieder zusammen, und verträumt, vielleicht auch nur müde, flüsterte sie: »Laß mich schlafen.«

»Ich liebe dich.«

»Hör auf mit solchen Nachtlügen.«

Die reinste Dummheit. Sie hatte recht. Ich spielte meine Komödie weiter. Ich beharrte darauf, sie zu küssen und zu streicheln, weil ich herausfinden mußte, ob sie tatsächlich nicht wollte. Auch ohne jede Geste des Widerwillens wurde ihre Ablehnung deutlich. Sie hatte Selbstbewußtsein. Meine Füße hatten mich auf die falsche Fährte gebracht. Plötzlich spürte ich, wie sich ihr Körper aufbäumte und versteifte, und eine warme Flüssigkeit näßte meine Hose. Pinkelte sie, obwohl sie wach war? Äußerte sich ihre Verrücktheit nicht nur im Tanzen, sondern auch im Pinkeln? In einem Bordell in

Tanger schlief ich mal mit Leila der Bettnässerin, doch die hat nicht gepinkelt, dafür aber Habiba. Ich zog mich sachte zurück, bevor ich eine andere Form von Verrücktheit oder ihren geballten Wahnsinn erregte. Ich zog die Hose aus und warf mich bäuchlings auf mein Lager. Sie weinte. Entweder zerfloß sie in Tränen, weil sie beleidigt war, oder sie wollte Mitleid wecken und mich noch mehr reizen. Ich war nicht bereit, das Theater mitzumachen. Es gibt Frauen, die erst dann nett sein können und weich werden, wenn sie weinen. Ich besaß nicht genug Geduld, um dieses Spiel mitzumachen. Was hatte dieses Pinkeln zu bedeuten? War es aus Angst passiert oder wegen einer zu starken nervlichen Anspannung? Wie auch immer, jedenfalls war Habiba keine Gallertmasse, keine Alge, keine – wie Jussuf der Frauenhasser in der Nervenheilanstalt immer zu sagen pflegte – überreife, zu lange von der Sonne beschienene gelbe Melone. Die menschliche Frucht muß zur rechten Zeit gepflückt werden, sonst verfault sie. Bei Habiba hatte ich mich geirrt. Die Zeit der Lese war noch nicht gekommen.

# Der Vogel des Glücks

Zum Beginn des Studiums am Lehrerinstitut kaufte mir meine Mutter eine Jacke, zwei Hemden und zwei Hosen. Ich hatte ihr von meinem Besuch bei Habiba erzählt, und sie hatte nur gesagt: »Du weißt, was sich für dich schickt.«

Der Teufel der Literatur begann mich heimzusuchen, denn ich interessierte mich für Romane mehr als für Lektionen in pädagogischer Psychologie und Schulgesetzgebung. Vor allem galt mein Interesse der arabischen Sprache. Der Lehrer in diesem Fach war hervorragend. Nach der allgemeinen Erläuterung analysierte er den an die Tafel geschriebenen Text. Er war sehr gläubig, aber auch schamlos beim Possenreißen. Er hielt die Welt in der linken Hand, das Jenseits in der rechten. Freitags betete er den Leuten in einer der kleinen Moscheen vor und predigte zu ihnen, und abends trieb er Unfug in El Rinkun oder Sebta. Ich begleitete ihn öfter in seinem alten Wagen. Unter dem hinteren Sitz hatte er eine Falle aufgestellt. Er behauptete, eine Maus würde in seinem Auto leben, die so klug sei, daß sie nicht alles aus der Falle aufaß.

Der Lehrer für Pädagogik und Psychologie erwischte mich, als ich »Die Elenden« las, und warf mich unter Gebrüll hinaus: »Das ist ein Lehrsaal und keine Bibliothek!« In jener Zeit begann ich öfter ins Café Continental zu gehen. Es war gemütlich, und die meisten

Kunden waren angenehm. Ihren Gesichtern sah man den Wohlstand an. Neunundvierzigtausend Francs bekam ich als Stipendium, eine bedeutende Summe für 1960. Einen Teil gab ich meiner Mutter, den Rest bewahrte ich für mich. Meine Zeit war aufs Lesen in Arabisch und Spanisch und aufs Herumtreiben in Kneipen verteilt. Die Ribertitu-Bar, mit den Stierköpfen an den Wänden, war die prächtigste, aber ich zog es vor, in der Bar des Continental Platten zu hören. Von dreien konnte ich nicht genug bekommen: die »Morgenschönen« von Nat King Cole, die »Uhr« von Luschu Ghatika LUCHO GATICA und »Bisami muschu« BESAME MUCHO von Antonju Matschin ANTONIO MACHIN. Einen jungen Mann, der neben mir saß, fragte ich nach dem eleganten Herrn, der von allen respektvoll behandelt wurde. Um ihn herum gab es immer eine Gruppe von Leuten, die genauso schick und wohlhabend aussahen wie er.

»Wer ist das?«

»Kennst du ihn nicht? Das ist der Schriftsteller Mohamed El Sabbagh.«

»Was schreibt er?«

»Prosagedichte.«

Ich kaufte seine Bücher: »Das verletzte Keuchen«, »Schwarzer Wasserfall«, »Der Feuerbaum« und »Ich und der Mond.« (Die beiden letzten sind ins Spanische übersetzt.) Bücher von geringem Umfang. Ich las sie in zwei Tagen. Ich sagte mir: Wenn die Leute schon jemanden verehren, der solche Sachen schreibt, dann kann ich das noch besser. Schreiben war also etwas Besonderes. Ich hatte geglaubt, daß ein Schriftsteller sich nicht an öffentlichen Plätzen zeigt und nicht, wie Mohamed El Sabbagh im Café mit den Leuten schwatzt. Entweder blieb ein Autor unsichtbar, oder er war tot.

Ich schrieb drei Seiten und nannte diese aufgeschnappten Kritzelein »Der Garten der Schande«.

Ich begann Mohamed El Sabbagh aufzulauern, bis ich ihn endlich eines Tags allein seinen Espresso trinken sah. Aufgeregt trat ich an ihn heran.

»Herr Mohamed El Sabbagh?«

»Ja?«

»Ich habe Ihre Bücher mit großer Bewunderung gelesen. Ich möchte auch schreiben. Das ist das erste, was ich geschrieben habe. Ich wollte Sie bitten, es durchzusehen und mir zu sagen, was Sie davon halten.«

Mit einer eleganten Bewegung steckte er die Seiten in die Tasche. Ich grüßte und verschwand aus dem Café, um weder ihn noch mich in Bedrängnis zu bringen.

Zur Mittagszeit war das Café fast immer leer. Gewöhnlich trank er dort seinen Kaffee, bevor er zur Arbeit in die Hauptbibliothek ging. Am nächsten Tag gab er mir die Seiten zurück und sagte: »Ihre Sprache ist nicht schlecht. Schreiben Sie diszipliniert weiter, und lesen Sie viel.«

Ich trank mit ihm ungezuckerten Kaffee. Erzählte ihm ein paar Dinge über mein Leben in Tanger, über die Schule in Larache und meine Ausbildung am Lehrerinstitut. Er wies mich auf Lyrik in arabisch und spanisch hin: Ghustafo Adolfo Biker GUSTAVO ADOLFO BECQUER, die Brüder Antonju und Manuwil Matschado MACHADO, Aleksandri Fithintis VICENTE ALEIXANDRE (mit dem er sich schrieb), Pablo Neruda, Thisar Fajicho CÉSAR VALLEJO, Ghabrila Mistral GABRIELA MISTRAL und Rafael Alberti. Ich entdeckte von selbst die Süße der Romantik bei den Dichterinnen Rosalia de Castro (übersetzt aus dem Galizischen – El Galo – ins Spanische), Emily Dickinson (übersetzt ins Spanische), Mira del Mar, Susanna Marsh, Joanna Ibarburo und Alfonsina Storni. Selten nur wagte ich es, in die literarische Gruppe um El Sabbagh vorzustoßen. Einige hatten schon mehr als ein Buch verfaßt, und ich versuchte gerade erst einen schönen Satz zu schreiben. »Geschichten aus dem Maghreb« von Ahmed Abdessalam El Bakkali war das erste, was ich von einem marokkanischen Schriftsteller las. Die Zeitung El Alam veröffentlichte von mir ein Stück Prosa »Rinnsal meiner Liebe«, mit einem Bild von mir mit Fliege. Vor Freude wurde mir ganz schwindlig, und um mein verborgenes literarisches Talent zu feiern, betrank ich mich. Ich kaufte eine große Anzahl Exemplare, die ich an meine Studienkollegen verteilte. Sollten sie doch sehen, wie bedeutend ich war. Ich dachte: Der Junge aus der Hütte, der Sohn menschlichen Mists, schreibt Literatur und wird veröffentlicht. Damit ich der strahlenden Bedeutung meiner Person auch entsprach, kaufte ich mir eine prächtige Jacke und Hose, mehrere Fliegen und ein unechtes, vergoldetes Handkettchen. Stolz und Dünkel bemächtigten sich meiner, so daß ich die volkstümlichen Cafés am Feddane-Platz, in Trankat und Barjo Malaga mied und mich stattdessen tagsüber in die Halle vom Hotel National setzte und abends ins Tanzlokal El Marfil ging. Das Café Continental war für mich nun zweitrangig geworden, die Bar La Barra LA PARRA gar drittrangig. Ich rasierte mich ein- oder zweimal am Tag, so daß mein Gesicht glänzte, und ich parfümierte mich ständig, trug schließlich immer ein kleines Parfümfläschchen bei mir. Der Sohn des Morasts und der Gefährte der Ratten putzte sich heraus, zivilisierte sich, entwickelte sich, warf das borstige Fell ab und schlüpfte in glatte, zarte Haut. Und die Inspiration? Ah! Natürlich ging es nicht ohne eine Quelle der Eingebung. Der Sohn des Sumpfs suchte dringend danach.

Eines Tages war ich einem dunkelhäutigen Mädchen gefolgt. Ich wußte, wo sie wohnte und zu wem sie gehörte. Wo immer ich ihr begegnete, folgte ich ihrem Schatten, oder ich lauerte ihr vor ihrem Haus oder dem ihrer Tante auf. Sie war die Freundin der Tochter eines marokkanischen Führers. Ich hatte mich in etwas verrannt, das mich den Kopf hätte kosten können. Also blieb nur noch Halima, die Nachbarin von Habiba und Freundin meiner Schwester Rhimou: Sie konnte weder lesen noch schreiben, aber sie war braun und schön. Sie brachte es fertig, mich zu einem Zigeunergedicht zu inspirieren, aber zu mehr verhalf mir ihr sanftes Wesen nicht. Ich war Schroffheit gewöhnt.

Habiba hatte mir ihren Wohnungschlüssel gegeben. Ich konnte kommen und gehen, wann ich wollte. Gelegentlich blieb sie über Nacht weg. Das ging mich nichts an, gehörte zur Farbe einer anderen Blume. Mehr als einmal sah ich sie in einem Auto sitzen oder mit jemandem zusammen weggehen. Was waren das für Leute? Ich wußte nicht, wer sich da neuerdings in den Vergnügungsstraßen herumtrieb. Sollte sie auf die schiefe Bahn gekommen sein? Ihr Problem. Für eine Weile verschwand sie, tauchte erst am dritten Tag wieder auf: Ihr linkes Auge war blau geschlagen. Ein harter Schlag. Es gab also jemanden, der sie versklavt hatte.

Meine Schwester Rhimou bekam Lungentuberkulose. Mein Vater und mein Bruder Abdelaziz husteten auch heftig. Unsere ganze Familie war verseucht. Nur Malika und ich kamen davon. Meine Mutter war zwar geheilt, mußte aber unter regelmäßiger ärztlicher Kontrolle bleiben. Einzig mein Vater bestand darauf, sich allein zu kurieren.

Habiba verschwand für zwei Tage. Ich zog in die Familienpension Schwarzes Juwel um. Ein kleines Hotel.

Ein spanisches Geschwisterpaar leitete es: Rosario und Carrı́on. Für zwanzigtausend Francs im Monat bekam ich ein kleines Zimmer und drei Mahlzeiten. Bestimmt machte Habiba gerade eine elendige Liebesgeschichte durch.

Ich besuchte Rhimou und Abdelaziz im Krankenhaus. Beide heulten. In Rhimous Zimmer war eine Frau gestorben. Rhimou war nicht zu überzeugen, daß ein Kranker nicht unbedingt auch sterben müsse. Unsere Mutter sei ein Wunder, sagte sie.

Ich begleitete Mohamed El Sabbagh zu seinem Haus in der Altstadt. Die Umgebung eines Menschen, der sich nur der Kunst widmet: Weintrauben, Äpfel, Birnen in einer Schale; gedämpftes Licht vertiefte die dichterische Stille. Chopin: »Nächte auf Mallorca«. Briefe von Michail Nuaima. Als ich von ihm wegging, wünschte ich mir, ein solches Haus ganz für mich allein zu haben. Er korrigierte mir mein Geschriebenes mit geglätteten, sehr durchscheinenden Wörtern, aber er ist aus seinem Lehm gemacht und ich aus dem meinem. Er hat sich nie vom Müll feiner Leute ernährt, war nie verlaust, hatte nie aufgerissene, blutige Fersen gehabt. Ich weiß nicht, wie ich über die Milch von Vögeln, die liebkosende Berührung von Engelsschönheit, die Trauben des Taus, Katarakte des Schwarzen, Gesänge der Nachtigall schreiben soll. Ich weiß nicht, wie ich mit einem Besen aus Kristall im Kopf schreiben soll. Ein Besen ist Protest und nicht Schmuck.

Ich besuchte Habiba, um ihr ihren Schlüssel zurückzugeben. Sie sah blaß, abwesend, unglücklich aus. Ihre Stimme hörte sich erstickt an, klang heiser. »Warum bist du woanders hingezogen? Was hat dich hier gestört?«

Sie schien geweint zu haben.

»Ich möchte dich nicht aufregen.«
»Tust du nicht.«
Auf dem Taifur[1] zwei leere Bieflaschen und eine Schachtel blonde Zigaretten. Sie ist von Kummer überwältigt, in sich zusammengebrochen. Ihre Tante will sie nicht mehr sehen, sie hält Habiba für schamlos. Ausgerechnet die Tante, die der Wächter der Reparaturwerkstatt beschläft. Habiba hat keine Freundinnen. Ich schlage vor, ein paar Flaschen zu besorgen und sie gemeinsam zu leeren. Vor Freude leuchtet ihr Gesicht auf. Ich will, daß sie wieder heiter wird. Ihre Traurigkeit erinnert mich an Fatima in Larache, als deren Tochter Salwa krank war. Salwa und der Wintertag im leeren Park. Salwa, die ich wahrscheinlich nie wiedersehen werde.

Ich lasse Habiba nicht in die kleine Geldtasche langen, und da huscht ein Strahlen übers Gesicht, glänzt immer mehr auf und läßt sie auf einmal wieder ganz kindlich aussehen. Wir wollen gemeinsam zu Abend essen. Lammfleisch mit Artischocken und Erbsen.

Eine kalte, erfrischende Brise weht mir um die Ohren, Sprühregen fällt. Im Geschäft des Spaniers verlange ich ein Glas Jerez-Wein. Zwei alte Spanier unterhalten sich über die Kunst des Stierkampfs, die heute zum Geschäft verkommen sei. Sie trauern den mutigen Kämpfern nach – José Barandas, Marcel Lalanda (Schikuilu), Francesco Biralta, Joselito El Ghaju, Manuel Binfinida Michjas, Juan Luis della Rosa (ein Faschist, der zu Beginn des Spanischen Bürgerkriegs in Barcelona getötet wurde) und Manoliti der Große. Wenn die beiden Alten unterschiedlicher Meinung sind und die Diskussion sich zuspitzt, dann besänftigt der Patron freundlich ih-

1 Runder Tisch

re Aufregung. Ich trinke das zweite Glas, kaufe eine Flasche. Auf dem Rückweg denke ich über Habiba nach: Es wäre das beste für sie, sich nicht zu verlieben, sonst verfällt sie wieder ihrer Wahnsinnstanzerei, sei es in der Klinik oder auf den Straßen Sebtas. Aber vielleicht findet sie im gelegentlichen Liebesrausch eine erholsame Ablenkung von der Unruhe ihres gedankenlosen Vagabundierens. Die letzte Scheidung hat ihr viel von ihrer Frische genommen, dabei ist sie noch nicht einmal fünfundzwanzig. Die vier Kinder kamen wie die Kaninchen: Erst Zwillinge und die beiden anderen kurz hintereinander. Damit sie ihre Hausarbeit erledigen konnte, band sie sie mit den Füßen an Bettpfosten, Sofabeinen, Tischbeinen fest, möglichst weit voneinander entfernt, damit sie sich nicht gegenseitig kratzten und die Kuchenstückchen wegschnappten. Sie hat nie ein schönes Leben gehabt. Augenblicke der Freude wurden ihr gestohlen. Von Kind an hatte sie Pech.

Köstlicher Duft kommt aus der Küche, erfüllt das Zimmer. Habiba bewegt sich mit fröhlicher Tatkraft. Ihre Worte wischen den Staub der Niedergeschlagenheit aus ihrem Gesicht. Höflich prosten wir uns zu, lächeln uns freundlich an, und sie fängt an zu strahlen, als befinde sie sich auf einem prächtigen Fest. Ich rühme ihre Kochkunst: Fleisch mit Artischocken und Erbsen sei ihr bestes Gericht, erhebe sie in den Rang eines Premierministers.

Ihre Gesichtszüge werden weich. Sie sagt: »Ich habe noch nie jemanden getroffen, der mich so versteht wie du.«

»Wir sollten nicht zu sehr auf das Glück aus sein. Es kommt und geht, entwischt immer dann, wenn wir es gerade festhalten wollen. Es ist wie der hübsche Vogel, der sich auf der Balkonbrüstung niederläßt. Kaum kommen wir ihm zu nahe, fliegt er weg. Meinst du wirklich, daß dieser Vogel sich auf der Schulter niederläßt und dir, wie wir es am liebsten hätten, olé zuruft?«

»Verstehe.«

»So ist es auch mit dem Glück: Es läßt sich nicht auf der Schulter nieder und zwitschert. Es bleibt auf dem Rand vom Balkon.«

Sie stimmt mir zu, und ein Hauch entspannter Heiterkeit liegt auf ihrem Gesicht.

»Du hast völlig recht.«

Ich habe mich selbst damit getröstet. Mein Leben ist auch nicht schöner als ihres.

## Die Träumer

An diesem neuen, brisenfrischen Morgen komme ich aus Habibas Haus und gehe, als würde ich fliegen wie eine Feder. Sie hat noch geschlafen. Hinter mir fällt die Tür zu. Meine Hose ist ein wenig feucht.

Im Café Caid Yazid bestelle ich Frühstück. Ein Phonograph von Alva Edison steht in einer Ecke. Ende der vierziger Jahre hatte ich ihn noch mit einer Kurbel in Gang gesetzt. Lieder von Umm Kulthum, Asmahane, Abdelwahab und Farid El Attrache waren die gängigsten. Der Phonograph wird als Zeuge jener Zeit bewahrt: Eine Kostbarkeit, die die Erinnerungen der Menschen und die damalige Kultur heraufbeschwört.

Ich will warten, bis meine Mutter zum Bab El Tut geht, um gebrauchte Kleidung zu verkaufen, und mein Vater sich mit neu ausgesponnenen Geschichten über seinen Mut, die er den Rentnern oder seinen fahnenflüchtigen Kumpanen des Franco-Kriegs erzählen wird, zum Feddane-Platz aufmacht. Sie alle haben ihre verlogenen Geschichten. In Wirklichkeit zeigte mein Vater nur im Krieg gegen uns echten Mut. Je älter wir wurden, um so mehr Niederlagen hatte er einzustecken. Aber meine Mutter schlug er von Zeit zu Zeit so heftig, daß sie blutete oder ein blaues Auge bekam. Eines Tags, als er zum Prügeln zu schwach war, nahm er den Kessel, in dem er die Zuckerlösung für den Honig kochte, den er in Sebta verkaufte. Wären nicht die

Nachbarn gewesen, die meine Mutter um Hilfe rief, hätte er ihr den Inhalt über den Kopf geschüttet. Als ich kam, griff ich mir den Mörserstößel und drohte, ihm den Schädel zu zerschmettern, wenn er sich noch einmal ihr gegenüber wie ein Verrückter aufführte. Daraufhin ging er zu unserem Nachbarn, tat, als würde er fürchterlich heulen und schluchzte andauernd: »Dieser widerwärtige Kerl droht, mich umzubringen. Droht mir mit dem Mörser. Hätte ich ihn doch erwürgt, als er klein war, dann wäre ich ihn los.« Ich erinnerte mich genau, wie bei meinem Bruder Abdelkader das Blut gespritzt ist, als er ihm den Hals umdrehte. Jedenfalls war das das letzte Mal, daß er meine Mutter schlug. Danach begnügte er sich damit, sie zu beschimpfen und zu verfluchen.

Rhimou hustete, als ich nach Hause kam, und hatte Fieber. Wenn der Anfall sich legte, hing sie schlaff wie eine Taube herum. Als Medizin hatte ihr meine Mutter Orangensaft dagelassen. Ich wusch meine Hose, rasierte mich und verließ die Hütte. Bei Abdelaziz kaufte ich Anissamen und wünschte ihm einen gewinnbringenden Tag. Immer zu einem Spaß aufgelegt, sagte er: »Du bist der erste Kunde an diesem Morgen. Mal sehen, ob du heute mein Glücksstern bist.«

Er nahm mir das bißchen Geld ab und steckte es in die Tasche. Wir lächelten uns zu, und ich ging los. Bevor ich auf die Straße einbog, hörte ich schon Fatima, unsere bucklige Nachbarin, guten Morgen rufen. Ich grüßte zu ihr hinüber und lief weiter. Sie ist unglücklich wegen ihres Buckels. Beim Lesen von Liebes-Romanheftchen, und beim Beantworten von Liebesbriefen, die sie für ihre verliebten, analphabetischen Freundinnen schreibt, findet sie Trost. Sie ist in unserem Viertel die öffentliche Schreiberin für Groß und Klein.

Ich lernte, daß es die Träume sind, die die Bewohner der Hütten reich machen. Die Armen sind die wahren Träumer. Sie hocken in ihren Schneckenhäusern und träumen von Weite, von reich machender Arbeit, Banketten und tosenden Feiern, bei denen sie vor lauter Tanzen und Singen ohnmächtig umfallen. Alpträume lasten auf ihnen weniger als auf den großen Herren und Reichen: Die alpdrücken mehr, als daß sie träumen.

Ich wußte nicht, warum mir an diesem Morgen, trotz der Geschichte mit Habiba, so fröhlich zumute war. In der englischen Bibliothek las ich einige Kapitel in dem Roman »Jane Eyre«, dann ging ich ins Feddane-Café. Ich leistete einem der Gäste, der gegen zwei andere Karten spielte, Gesellschaft. Der Einsatz ging um Tee. Mein Kumpel würde für mich bezahlen, wenn wir verloren. Wir gewannen, verloren, gewannen. Als mir von Spiel und Kif schwindlig war, ging ich nach Trankat ins Café Umaino[1]. Ich war nicht mehr dortgewesen, seit ich '51 aus Oran zurückgekehrt war. Ich entdeckte Comero und Batati. Wir umarmten uns herzlich. Seit unserem Kampf waren ungefähr zehn Jahre vergangen. Die beiden spielten Parchís, ein Würfelspiel, und tranken aus einem kleinen Glas Mahia, wobei sie die Flasche versteckt hielten. Als der Patron wegsah, trank ich auch davon. Den Gesichtern der beiden war anzusehen, daß sie süchtig nach diesem starken Getränk waren. Comero arbeitete als Pförtner bei der Post. Batati war, beladen mit Ware, von einem Laster gefallen. Er hatte als Beifahrer gearbeitet. Durch den Sturz brach er sich ein Bein, und seither lahmte er.

Comero witzelte: »Er ist absichtlich gefallen, damit er die Versicherung kassieren konnte, und sein Leben

1 Rifi, für: mein Bruder.

lang nicht mehr zu arbeiten braucht. Er ist der faulste Mensch, den ich kenne. Erinnerst du dich nicht mehr? Hast du ihn je etwas tun sehen? Mit viel Geschick hat er seinen Vater beklaut, und als der starb, wußte er nicht, wie er andere beklauen sollte.«

Ich lächelte, sagte nichts. Ich dachte: Batati beklaute seinen Vater nur dann, wenn er ihn während des Mittagschlafs vertrat, du aber warst ein wahrer Schlaukopf beim Stehlen.

Comero fragte: »Und du? Wo bist du gelandet? Wir wissen, daß du in Larache lernst.«

»Ich habe es geschafft, aufs Lehrerinstitut in Tetuan zu kommen.«

»Dann bleibst du also bei uns, solange die Ausbildung geht.«

»Ja.«

Batati sagte: »Von uns allen bist du der Gewinner und der vom Glück Begünstigte.«

»Wobei?«

»Du hast etwas Besonderes erreicht«, und er fügte hinzu: »Der Beste von uns hat nicht mehr geschafft, als Arbeiter und kleiner Händler zu werden oder ins Ausland zu gehen. Dein Leben ist durch den Staat gesichert, weil du Lehrer sein wirst.«

»Taferseti ist auch reich geworden.«

»Taferseti ist was anderes. Du kennst ihn besser als wir. Ihr wart ja unzertrennlich. Noch beim Essen hat er Angst gehabt, zu verhungern. Er war schon immer geizig. Wenn es ihm möglich gewesen wäre, hätte er schon als Säugling aus den Titten seiner Mutter die Milch schluckweise verkauft.«

»Aber jetzt macht er sich doch ganz gut.«

»Hör auf, du kennst ihn nicht mehr.«

»Ich weiß schon, er hält sich an solche, die ihm wichtig erscheinen.«

»Ha, nun begreifst du endlich. Er hat seinen Vater völlig arm in einer Hütte sterben lassen, als er bereits in einer Wohnung lebte, die er sich in einem prächtigen Neubau gekauft hat. Wenn er mal stirbt, wird sein Gesicht von Hunger entstellt sein.«

»Außer uns«, meinte Comero, »ist keiner im Müll steckengeblieben. Aber noch haben wir die äußerste Kante des Elends nicht erreicht. Weißt du, daß selbst El Baticha, bei dem wir uns für ein paar Centimos oder eine Kinokarte beim Vögeln abgelöst haben, daß der inzwischen reich ist und junge Burschen ausbeutet? Er ist verheiratet und hat Kinder.«

Beim vierten Glas begann sich mir alles im Kopf zu drehen. Ein Verdacht kam mir in den Sinn: Comero will sich für damals rächen, und deshalb macht er mich betrunken. Die Narbe, die er meinetwegen hat, ist noch immer auf der linken Wange deutlich zu sehen. Ich entschuldigte mich und erklärte, gehen zu müssen, und Comero sagte überaus freundschaftlich, als wäre aller alter Haß, mit dem wir uns geschlagen hatten, vergessen: »Wann sehen wir uns wieder?«

»Ich bleibe ein ganzes Jahr hier. Ich schau mal wieder vorbei.«

Ich verließ die beiden, zufrieden und glücklich. Noch ein Glas mehr, oder zwei, und ich hätte die Haltung verloren.

Sieben Uhr. Die Elendshütte wird erst in etlichen Stunden zur Ruhe kommen. Im Trankat-Viertel tobt der Verkehr wie damals, als ich es Ende der vierziger und in den fünfziger Jahren verlassen hatte. Vielleicht sogar noch stärker. Viele bekannte Gesichter sind aus den Läden verschwunden, dafür sind andere an ihre

Stelle gerückt. Manche sind älter geworden. Meine Mutter hat mir erzählt, wer wegen Krankheit oder Tod nicht mehr da ist.

Habiba ist für diese Nacht meine Rettung. Sie empfängt mich mit offenen Armen. Wahrscheinlich spürt sie, daß es mir lieber ist, bei ihr zu schlafen. Ihr freundliches Lächeln und die liebenswürdige Begrüßung zeigen mir, daß sie mir nicht böse ist. Möglicherweise braucht auch sie jemanden, der ihr Gesellschaft leistet.

»Wir bleiben Freunde.«

Sie lächelt, und ich nicke zustimmend. Sie ist die Stärkere. Vergeblich bemühe ich mich, besser als sie zu sein. Sie hat mich begreifen lassen, daß die Gier des Körpers bei uns nichts zu suchen hat. Die Gläser Mahia haben mich benommen gemacht, mehr als es sonst der l'Agua Ardiente, Del Mono-Anis und Terry-Kognak tun. Ich strecke mich auf dem Sofa aus und nicke ein. Ich bekomme eine Decke. Das ist es, was ich brauche.

Ich schlief ungefähr zwei Stunden. Sie hatte schon das Abendessen vorbereitet und eine Flasche Weißwein gekauft. Ich hielt Kopf und Gesicht unter kaltes Wasser, um munter zu werden. Farid El Attrache singt im Radio: O Blume meiner Phantasie.

# Rosario

Maria Rosario ist stolz darauf, daß sie aus Asturien kommt, in Aflis AVILÉS geboren ist und bable[1] spricht. Sie haßt Franco auf den Tod. Sie war mit einem Kämpfer aus Gijon verheiratet, der für die Demokratie gefallen ist.

Wir beide, Farmin Fitu FERMIN FEITO und ich, sind oft die einzigen Menschen in dem kleinen Speisesaal, der nur aus vier Tischen besteht. Manchmal gesellt sich Maria Rosario zu uns, setzt sich an den Nebentisch, raucht, schlürft ihren Kaffee oder Kognak, oder auch beides zusammen. Fermin Feito rühmt sich ebenfalls seines Geburtsortes: El Firrul EL FERROL (wo Franco geboren wurde).

Aus Gewohnheit sitzen wir nicht gemeinsam an einem Tisch. Einmal habe ich ihm angeboten, bei mir Platz zu nehmen, und er hat mit größter Höflichkeit abgelehnt. Rosario kommt nur an meinen Tisch, wenn ich allein im Speiseraum bin, und dann kommen wir uns wie zwei Verschwörer gegen ihn vor. Der gibt noch mit einem leeren Bauch an, meint Rosario. Er sei überempfindlich und sähe nicht so aus, als müsse man sich mit ihm befreunden. Das sagte Rosario, als sie sah, wie er es ablehnte, an meinem Tisch zu sitzen. Heute abend haben wir sie noch nicht beim Kartenspiel toben

1 Umgangssprache der Leute in Asturien.

gehört. Es fehlt uns etwas, obwohl Feito sich durch den Krach immer gestört fühlt. Wer betrügt wen? Wir können nur die Protestschreie hören. Carríon schimpft öfter, dafür schreit sie lauter – um ihre Schummeleien zu verbergen, wie Feito immer sagt. Als er weg ist, bekomme ich mit, daß Rosario sich über ihre Enkelin Candida ärgert. Rosario raucht ihre billigen Zigaretten, trinkt ihren schlechten Kognak. Aufgeregt taucht sie auf, verschwindet wieder, in der rechten Hand das Glas, in der linken die Zigarette. Candida ist vor drei Tagen aus dem Internat der Wohltätigen Schwestern in Tanger ausgerissen. Garantiert ist sie nicht außer Landes gekommen, und bestimmt ist sie auch nicht zu ihrer Mutter gegangen, die in Meknes als Krankenschwester arbeitet. Aller Wahrscheinlichkeit nach steckt sie bei ihrer Freundin Marisa in Tanger. Ihren Reisepaß hat die Großmutter versteckt. »Erst habe ich Sorgen mit der Mutter gehabt, und nun fängt die Tochter an«, sagt Rosario zu ihrem Bruder. Aber Carríon geht mit keinem Laut darauf ein.

Sie ist etliche Jahre älter als er. Vergangenen April feierte sie ihren zweiundsechzigsten Geburtstag. Carríon raucht Tabak, den er geschickt rollt, bevor er sich die Lippen mit einem Schluck Carajo[2] anfeuchtet. Es macht ihm Spaß, sich Bildergeschichten für Kinder anzusehen. Er nuschelt, aber seine Schwester versteht ihn ganz genau. Seine Nase ist kaputt, sie ist krumm. Ein Sturz? Ein harter Schlag mit der Faust? Er verkriecht sich in der Küche, um Gesprächen mit Gästen möglichst aus dem Weg zu gehen. Rosarios Wesen ist eher andalusisch, obwohl sie aus Avilés kommt, und sie gebraucht wunderbare Ausdrücke, nach deren Bedeutung

2 Kaffee gemischt mit Kognak.

ich sie nicht frage. Sie verkehrte viel mit Andalusiern, bevor die meisten von ihnen nach der Unabhängigkeit aus Marokko weggegangen sind. Als ihre Enkelin mal zu Besuch war und Rosario sah, wie sie vom Fenster aus auf die Straße hinunterschaute, hörte ich sie sagen: »Mädchen, schließ das Fenster. Der Windstier wird dich holen.« Oder sie sagt: »Hinter allem steht ein Fragezeichen.« Oder: »Wer über den Frühling der Seele redet, hat eine hohe Mauer vor sich.« Nun hat der Windstier das Mädchen geholt, und dessen Flucht ist zu einem Fragezeichen geworden. Sie war über die Mauer des Internats gesprungen, und ihre Großmutter wußte nicht, wohin sie gegangen war.

Ich liebe Rosario, wenn sie im Gespräch mit Feito über den Spanischen Bürgerkrieg oder die Kirche und Mönche herzieht. Sie setzt ihn mit ihren Argumenten außer Gefecht. Zitiert oft aus Gelesenem. Sie hatte Glück, denn nur wenige Mädchen ihrer Generation und von armer Herkunft konnten lernen. Ich stehe ihr immer gegen Fermin Feito bei, auch wenn sie etwas Falsches sagt. Mit der ihm eigenen Bösartigkeit verleumdet er sie. Heute abend sagte er mit gedämpfter, boshafter Stimme: »Der alten Hexe ist ihr Heiligstes gen Himmel entflohen.« (Er meinte damit, daß sie nicht mehr weiß, was hinten und was vorne ist.) »Heut' läßt sie uns in Ruhe mit ihrem Geschrei, mit dem sie ihre Betrügereien beim Kartenspiel verteidigt. Der arme Carríon, dem das Schicksal bestimmt hat, bis an sein Lebensende in ihrem Schatten zu wandeln. Sie ist eine Ketzerin und Heuchlerin!«

Aber Rosario ist noch bösartiger, wenn sie hetzt: »Geizkragen, Opportunist, Heuchler! Geht doch am Sonntag nur zur Messe, damit das spanische Diplomatencorps mit ihm zufrieden ist. Er strickt an seiner Akte, um sich seine Rückkehr als würdiger Bürger nach Spanien zu sichern, damit er bevorzugt befördert wird. Weißt du, warum er Franco rühmt? Weil er aus der gleichen Stadt kommt. Für ihn ist Franco nach den katholischen Königen – Isabella und Ferdinand und Carlos der Dritte – der Beste, der Spanien je regiert hat. Einen größeren Idioten gibt es nicht.«

Mit Schmerz in der Stimme erzählte sie mir von ihrem kommunistischen Ehemann, den die Faschisten in Tetuan hingerichtet haben. »Franco pflegt die Todesurteile beim Frühstück zu unterschreiben. Mindestens zehn pro Tag. Mein Mann gehörte zu einem dieser giftigen Frühstücke. Weißt du, wie Franco an die Macht kam? Es heißt, daß sein Bruder Nicolás die Ursache für die unglückselige Geschichte Spaniens war. Das Militärregime, das seine Kumpane beim Sieg eingesetzt hatten, verfügte, daß Franco zeitlich begrenzt Staatschef und Ministerpräsident sein sollte. Sein Bruder übergab der Druckerei den Text mit dem Befehl höchster militärischer Dringlichkeit, und weil er das ›zeitlich begrenzt‹ gestrichen hatte, wurde Francos Herrschaft unendlich. Erst hat er erklärt, es ginge nur um eine befristete Diktatur, um die Ordnung wieder herzustellen, danach würde er aufs Land ziehen, um in Ruhe zu leben, so sein spöttischer Kommentar. Aber als ihm dann die Macht sicher war, verkündete er: ›Meine Herrschaft währt, so lange ich lebe. Spanien ist eine Monarchie ohne König, trotzdem sind wir Monarchisten.‹ Um seinen Ewigkeitsanspruch abzusichern, mußte er die Kirche an dieser gottgegebenen Bewegung beteiligen, über die er so lange Lügen und Märchen erfand, bis schließlich aus seinem Krieg eine Art Kreuzzug gegen die Kommunisten wurde. Klar, er mußte sich auch die meisten jener Leute vom Hals schaffen, die ihm zu seinem Sieg verholfen hatten oder die schon freiwillig ins Exil gegangen waren, nach Frankreich, Mexiko, Argentinien und Rußland. Er hat sich von José Antonio Primo de Rivera[3] zurückgezogen, ihn im Gefängnis von Alicante umbringen lassen, damit er bei seinem Faschismus ja keinen Rivalen hat. Es wäre ihm möglich gewesen, ihn gegen den Führer der Sozialisten Larghu Kabajiru LARGO CABALLERO einzutauschen, aber er hat es vorgezogen, ihn zu verlieren, um damit gleich alle beide loszuwerden. Er vertraut nicht mal seinem eigenen Schatten. Nie entscheidet er über einen Inhaftierten, ohne daß nicht auch ein Nutzen für seine Macht herausspringt. In Spanien geht's wahrlich nicht mehr um die Jagd auf Kaninchen und Wildschweine, es ist eine einzige große Militärkaserne. Weißt du, warum er darauf besteht, sich in der Marineuniform, im Rang eines Generalkapitäns, zu zeigen? Weil er bei der Aufnahmeprüfung für die Militärakademie der Marine in Toledo durchgefallen ist. Die Freimaurerloge attackiert er auch nur, weil er nicht Mitglied werden durfte. Seine Offiziere nennen ihn den ›Mann mit den drei M's‹[4]. Auf diese Weise haben ihn also die Sterne gesegnet. Trotzdem geniert sich Feito nicht zu sagen, daß der Caudillo es ist, der Spanien den 1898 verlorengegangenen Ruhm zurückgegeben hat. Und um etwas vom verlorenen Glanz durch den Verlust Kubas, Puerto Ricos und der Philippinen wieder gutzumachen, mußte er ein Stück von Marokko an sich reißen und die einfältigen Marokkaner in seiner Armee rekrutieren, entweder freiwillig oder gewaltsam, damit sie jene bekämp-

3 Gründer der Falange: Organisation der Milizen, erkennbar an den blauen Hemden.

4 Ohne Schrecken (oder ohne Schwule, wie manche aufzählen), ohne Frauen, ohne Messe – SIN MIEDO (SIN MARICONES COMO CUENTAN ALGUNOS), SIN MUJERES, SIN MISA.

fen, die – wie er ihnen erklärte – nicht an Gott glauben.«

Rosario sagte: »Die Gier von Tyrannen kennt keine Grenze, wie du weißt. Ich bin überzeugt, daß Franco durchtriebener ist als der, der ihn zur Diktatur inspiriert hat – Miguel Primo de Rivera. Franco behauptet immer, in seinem Innern ein Monarchist zu sein. Aber die spanische Monarchie schleppte schon ein ganzes Jahrhundert die Anzeichen des Niedergangs mit sich herum, und da bildet er sich ein, daß der Himmel ihn höchstpersönlich gesandt hat, um die Schwäche der Monarchie und die Trauer, in der das Spanien dieses Jahrhunderts versank, aufzuheben. Dieses Hirngespinst beschränkt er ja nicht nur auf Spanien, denn gleich nach seinem Militärputsch gegen die Zweite Republik verkündete er offiziell: ›Uns gebührt der Ruhm, der erste Staat zu sein, der sich erhebt, um die westliche Zivilisation, die vom östlichen Gedankengut bedroht ist, zu verteidigen.‹ Der Wert dieser vielgepriesenen Verteidigung hat sich schließlich gezeigt, als ihn nach zehn Jahren die öffentliche Meinung der Welt aus der UNO rausschmiß. Außer General Pirun PERON hat ihn niemand in seiner isolierten Macht unterstützt. Zehn weitere Jahre brauchte es, bis sich die Vereinigten Staaten[5] und der Vatikan (in beiderseitigem Interesse) für ihn verwendeten, so daß Spanien 1955 wieder UN-Mitglied werden konnte. Auf diese Weise hat er letztendlich doch noch vom Krieg profitiert und bekam mehr Zeit zum Malen von untergehenden Schiffen[6]. Seiner Meinung nach kam aller Verrat von der Nationalen Volks-

5 Es wurden amerikanische Stützpunkte sowohl in Tirrichon TERREJON als auch in Sarkusa ZARAGOZA, Marun MORÓN und Rutha ROTA als Gegenleistung für gewaltige wirtschaftliche Hilfen eingerichtet.

6 Franco malte gern, und sein liebstes Motiv waren sinkende Schiffe.

front, die die Armee nicht unterstützte. Sie hätte ihn terrorisiert und ihm nicht vertraut, weil er angeblich, und darin hatte die Volksfront recht, sie um seiner eigenen Interessen willen opferte. Ist es denn zu begreifen, daß er beispielsweise einen Soldaten der Marokko-Legion[7] wegen schlechtem Benehmen seinem Vorgesetzten gegenüber zum Tode verurteilt, nur weil er sich geweigert hat, Linsen zu essen, die er nicht mochte? Der militärische Sieg resultiere aus der Disziplin und dem blinden Gehorsam der Soldaten, der selbst dann eingehalten werden müsse, wenn die Offiziere Fehler machen. Damit rechtfertigt Franco seine Verbrechen. In den politischen Parteien sah er nichts anderes als Zersplitterung und den Verfall der Liebe zum Vaterland und des Dienstes an ihm. Die Deutschen haben ihn für einen reaktionären Kleriker gehalten und nicht für einen richtigen Faschisten. Sie trauten ihm erst, als sein Regime funktionierte und der Putsch vom achtzehnten Juli als legal galt.«

Ich war nicht überrascht, als ich bei der Abschlußprüfung durchfiel. Ich hatte absichtlich nichts mehr fürs Studium gemacht, weil ich Literatur lesen wollte. Aber die Lehrerstelle in Tanger tröstete mich. Unser Nachbar, der Beamter in der Schulbezirksbehörde war, würde meinem Vater bestimmt von meinem Mißerfolg berichten, und der wird sich freuen, weil sich damit sein Urteil über meine Dummheit bestätigt. Bis zum heutigen Tag habe ich mich wegen des verpatzten Examens noch nie geschämt oder gar Reue gefühlt.

Abdelaziz und Rhimou waren geheilt. Er kehrte zur Schule und zu seinem kleinen Laden zurück, sie begann wieder zu nähen und kümmerte sich um die Hüt-

7 Freiwillige Söldnertruppe.

te. Mein Vater war trotz seiner Krankheit weiter zu seinen Invalidentreffen am El Feddane gegangen, und tat das auch, als er geheilt war. Aber immer häufiger mußte er wegen der Asthmaanfälle im Bett bleiben. Er litt daran, bis er '79 starb.

Ich besuchte meine Mutter auf dem Markt am Bab El Tut und gab ihr meine monatliche Unterstützung. Steckte ihr sogar etwas mehr zu, damit sie es meinem Vater geben konnte. Ich wußte, daß er auf dieses wenige Geld spucken und mich wie gewohnt verfluchen würde. Aber er würde sich dennoch nicht weigern, es anzunehmen oder es einem Bettler geben. Für seinen Rausch und das Teetrinken am El Feddane reichte es für ein paar Wochen. Ich tat das, weil ich meine Mutter zufrieden sehen wollte, nicht ihn. Ich küßte ihre Hand, und als ich mich verabschiedete, standen Tränen in ihren Augen. Sie drängte nicht, mich von Zeit zu Zeit um die Familie zu kümmern. Bestimmt wußte sie, daß ich das Examen nicht bestanden hatte. Es war ihrem Blick anzumerken. Aber sie sagte nichts. Meine Mutter kennt meine Gewohnheit, zu kommen oder nicht zu kommen, mit Anlaß oder ohne Anlaß.

Ich kaufte kleine Geschenke für die Geschwister, Habiba und unsere bucklige Nachbarin. Auf der Straße entdeckte ich die Braune. Ich folgte ihr, bis sie mich sah. Sie blieb vor einem Schaufenster stehen und begann mit dem Spiel, auf sich aufmerksam machen zu wollen. Sie lächelte. Ich kämpfte gegen meine Enttäuschung an und ging ins Café Ribertitu. Ich dachte: Was für eine geschmacklose Blödheit. Die Liebe ist ein dreckiges Spiel. Ich will das nicht noch einmal erleben, was mir mit Kanza passiert ist. Oder was Kasim mir über seine jüdische Freundin Natalie erzählt hatte, bevor er verrückt wurde:

»Es war drei Uhr morgens. Ich stand vor ihrem Haus, und der Regen weichte mich auf. Ich war wie ein abgestorbener Baum. Ihr großer, bösartiger Hund lauerte hinter dem Gartentor und bellte mich an. Demütig hob ich die Augen gen Himmel, schloß sie wieder. Tropfen kitzelten meine Augenlider. Fieber überfiel mich. Der Mund offen, die Augen geschlossen. Eine gescheiterte Liebe. Mir kam es vor, als würden Regen und Nacht nie enden. Der Traum von ihr war der Geier dieser verregneten Nacht. All meine Wut hatte sich in den Fäusten geballt. Ich schlug an die Mauer. Der Regen wusch das Blut ab. Vielleicht entleert sie gerade ihre Eingeweide, und ich tränke die Blumen, die der Gedanke an sie in regenströmender Finsternis zum Blühen bringt. Ist das das Heldentum der Liebe? Nieder mit dieser Absurdität! So schrie ich gen Himmel. Ich weiß, daß der Schatten dem den Weg weist, der sich verirrt hat. Aber ich war zum Schatten meiner Seele geworden, hatte über sie das Urteil ewigen Verstoßenseins verhängt.«

Ich trank ein Glas Jerez-Wein. Dann ging ich zu Anita am Bab El Tut. Der Beruf hat ihr nichts von ihrer Sanftheit und Güte genommen. Ihre duftende Sauberkeit erinnert mich an Christobalina in Tanger. Es ist das dritte Mal, daß ich zu ihr gehe, seit ich sie Anfang dieses Monats entdeckt habe. Ich trank zwei Gläser Anis dal Munu ANIS DEL MONO bei ihr.

Vor ein paar Tagen kam Candida mit ihrer Mutter aus Meknes. Sie weigert sich, ins Internat der Wohltätigen Schwestern zurückzukehren. Zum erstenmal sitze ich mit ihr zusammen. Wir sprechen über Bücher und das Schreiben. Was ihre Großmutter über sie sagt, scheint zu stimmen. Sie führt ihre schlechten schulischen Leistungen auf die Liebe zu einem jungen Mann zurück, der mit seiner Familie nach Cordova ausgewandert ist. Candidas Vater, hat sie mir erzählt, ist zwei Monate vor der Geburt seiner Tochter vor den Faschisten nach Kanada geflohen. Er soll einen Roman über die republikanischen Spanienkämpfer im Norden Marokkos geschrieben haben. Sie hat von dem Buch nur gehört, es aber nie gesehen. Seit mehr als zehn Jahren gab es keine Nachrichten mehr von ihm.

Candida liest viel. Sie schreibt ihre romantischen Gedanken über die Enttäuschung in der Liebe, den Überdruß am Leben und das Unglück der Familie auf. Sie ist in den Zwanzigern, und die Probleme haben sie reif gemacht. Aber sie weiß nicht, was sie in Zukunft tun könne. Ich habe zwei Flaschen Wein aus Rioja gekauft, dazu eine große Ente, die Carríon selbst brät, weil er sich bei der Zubereitung von Geflügel für geschickter als seine Schwester Rosario hält. Carríon flüchtet sich wie üblich in die Küche, um allein zu Abend zu essen. Es ist mein letztes Abendessen mit Rosarios Familie. Fermin Feito kommt nicht an den Sonntagen, aber wenn er erscheinen würde, dann hätte er sich, selbst wenn er das Essen mit uns teilte, bestimmt an seinen eigenen Tisch gesetzt.

## Von Honig zu Asche

Ich wurde in der Schule für Mädchen und Jungen im Neuen Viertel eingesetzt. Man übertrug mir die Vorbereitungsklasse. Der Klassenraum befand sich seitlich des Hofs in einer Holzbaracke, in die es im Winter hineintropfte. Gleich in der Nähe quakten Frösche. Mehr als vierzig Schüler in jedem Durchgang. Nicht mehr als ein Viertel davon Mädchen, als Folge des Aufrufs zur Bildung – allerdings einer sehr einfachen. Elende Wesen: Schmutz, Hunger, Krankheit.

Ich halte einen Schreibstift hoch und frage: »Was ist das?«

Sie antworten alle zusammen: »Was ist das?«

»Das ist ein Stift.«

Sie antworten: »Das ist ein Stift.«

»Und das hier?«

Sie antworten: »Und das hier?«

»Das ist ein Heft.«

Sie antworten: »Das ist ein Heft.«

Ein Schüler erbricht Olivenstücke, und ein anderer sagt: »Er frißt ständig mit seinem besoffenen Vater Oliven, Herr Lehrer.«

Ein Schüler küßte eine Schülerin, was ein Problem war. Um ihr wieder zu Achtung zu verhelfen, befahl ich ihr, ihn auch zu küssen, worauf sie sofort zu weinen aufhörte.

Die Plage der Unwissenheit zu Anfang der Sechziger:

beim Lehrenden, beim Lernenden. Einige der Schüler haben weder Heft noch Stift. Sie bekommen kein regelmäßiges Essen. Einer von ihnen ist ein Idiot. Die Schüler nennen ihn »Tamchuch«. Er besteht darauf, immer in der ersten Reihe zu sitzen, da, wo es ihm gerade paßt. Die Schüler sind froh, wenn er nicht schlägt oder beißt. Seine Zähne sind gewaltig. Sein Gesicht sieht aus, als sei er mongoloid. Manchmal, wenn ich etwas an die Tafel schreibe, wirft er mit einem Stück Kreide oder zusammengeknülltem Papier nach mir. Zur Strafe habe ich ihn mal mit dem Lineal auf die Hand geschlagen. Sein Gesicht verzerrte sich vor Wut, und er begann zu zittern. Es war das letzte Mal, daß ich ihn in der Klasse zur Kenntnis nahm. Aber der Verfluchte trieb seinen Unfug weiter. Ich schickte einen Bericht an die Leitung, in dem ich deutlich machte, daß meine Arbeit durch ihn behindert wurde.

»Es ist besser, wenn er bei uns in der Schule ist, als wenn er die Leute im Viertel stört.« So antwortete mir der Direktor. Tamchuch behindert die öffentlichen Verkehrsmittel, stellt sich mitten auf die Straße. Die Schaffner steigen dann aus, geben ihm ein paar Centimos oder irgend etwas zum Essen oder Spielen, damit der Bus weiterfahren kann.

In der Klasse spielt er Lokomotive, die Reihen der Schüler sind seine Wagen: »Tsch, tsch, tsch ... Tut, tut, tut!«

Die ganze Klasse schreit vor Lachen. Er schläft ein, wacht auf, wie es ihm beliebt. Er geht raus, kommt rein, ganz nach Wunsch. Würde er hinausgehen und nicht zurückkehren, was wäre ich froh. Wenn er länger als einen Tag fehlt, wünsche ich mir, er käme nie wieder. Aber er kommt.

Der Schulinspektor machte bei mir einen Kontrollbesuch. Ich beschrieb ihm die Unmöglichkeit, Tamchuch zu unterrichten. Er glaubte mir nicht. Er trat an ihn heran, streichelte ihm freundlich übers borstige, zottlige Haar. »So ein kluges Kerlchen, warum machst du denn ein solches Durcheinander«?

Kaum glitt seine Hand sacht auf dessen Schulter hinab, da ruckte Tamchuchs Kopf zur Seite, und er biß hinein. Die Schüler brachen in tosendes Gelächter aus, doch meine Blicke brachten sie zum Schweigen. Ich selbst hatte Mühe, nicht loszulachen. Auf Grund dieses Vorfalls wurde Tamchuch von der Schule gewiesen. Aber niemand konnte ihn im Viertel daran hindern, die öffentlichen Verkehrsmittel, auch private Autos und Motorräder, am Weiterfahren zu hindern. Als er aus der Klasse verschwunden war, bedauerten die Schüler seinen Rausschmiß.

Ich hatte bald begriffen, daß ich für diesen Beruf nicht geeignet war. Mir fehlte die notwendige Geduld, um ihm gewissenhaft nachzukommen. Aber mir blieb nichts anderes übrig, nachdem ich das Diplom erhalten hatte (nach dreijährigem höherem Schulbesuch in jener Zeit). Eine Kommission war in die Moulay-Abdallah-Oberschule in Larache gekommen und hatte mit uns einen Intelligenztest gemacht. Ich gehörte zu denen, über die die Kommission entschied, daß sie den Schulbesuch wegen ihres Alters beenden sollten. Offiziell war ich zwanzig, in Wirklichkeit aber fünfundzwanzig.

Ich wohnte wieder einmal in der Pension La Plata. Vielleicht um die Erinnerung an Rabia und Kanza aufzufrischen. Ich wählte ein kleines Zimmer auf dem Dach, dessen Fenster auf das Meer und die Dächer der Altstadt geht. Neben mir wohnt Thomas El Rocho in einem Holzverschlag. Er führt das Leben einer Spinne.

Er haßt Franco wie die Pest: Franco sei nicht so sehr im Töten von Kaninchen und Wildschweinen geschickt, wie es immer heiße, sondern einzig und allein im Morden der edelsten Menschen. Seine Kumpane und deren Helfershelfer gingen auf die Jagd, breiteten ihm zu Füßen die erlegten Tiere aus, und machten stolze Fotos von ihm. Er male zwar sinkende Schiffe, aber ohne jedes Talent. Wie könne einer, der behauptet, die Kunst zu lieben, Picasso ins Exil treiben? Es hieße auch, Franco hätte Faij-Inklan VALLE-INCLÁN bewundert, trotzdem hätte er es zugelassen, daß Garcia Lorca erschossen wurde. Und als Migil Irnandis MIGUEL HERNÁNDEZ eingesperrt und zum Tode verurteilt wurde, ließ er eine Frau zurück, der beim Stillen ihres Sohns nur Zwiebelsaft aus der Brust floß[1]. Das alles sagt Thomas.

Er lebt allein in dem Verschlag, bleibt auch auf der Straße für sich. Das Haus Spanien ist für ihn ein Treffpunkt, an den sich Hirngeschädigte flüchten: Fernsehen, Kartenspielen, Alkohol. Tagsüber verkauft Thomas Luftballons im Bolivar-Park, nachts liest er klassische russische, französische, spanische, englische Romane. Sein Weißwein ist billig und sein Tabak zerbröselt. Vor dem Einschlafen trinkt er Wasser, das mit Zitronensaft vermischt ist. Er mag es nicht, irgend etwas tiefgründig zu diskutieren. Seine Beurteilungen über Dinge beschränken sich darauf, daß es nichts gibt, das nur schlecht, und nichts, das nur gut ist. Er kann es nicht leiden, wenn die Leute alles so lange analysieren, bis aus Honig Asche wird.

1 Anspielung auf ein Gedicht, das der Autor im Gefängnis schrieb: »Gewisper der Zwiebel«, gewidmet seinem noch zu stillenden Sohn und geschrieben nach dem Erhalt eines Briefs von seiner Frau, in dem es hieß, daß sie außer Zwiebeln und Brot nichts mehr zu essen hätte.

Ich beneide ihn um seine Einsamkeit. Er scheint die personifizierte Einsamkeit zu sein: Tod bei klarem Bewußtsein. Er hat bereits die Siebzig überschritten, aber glücklicherweise leidet er unter keiner Krankheit. Die Zeit des Stierkampfs war seiner Meinung nach mit dem Tod von Joselito und Manoliti vorbei. Er liebt die aragonische Jota, den Fandango, den Tango von Carlos Ghardel und Concha Biker, trotz ihrer Neigung für das Franco-Regime. Manchmal trinken wir in seiner verstaubten Hütte eine Flasche Wein. Frau Josefina, die Patronin der Pension, reinigt die Zimmer selbst, aber bei Thomas darf sie nur hinein, um die Bettwäsche zu wechseln. Er hält sie für neugierig und klatschsüchtig, und von ihrem Geruch wird ihm übel.

Rabia hat einen Offizier der marokkanischen Armee geheiratet. Sie haben sich in Tanger verliebt. Kanza tanzt im Nachtlokal in Katbija.

Vorbei die Zeit der schönen Hurerei in Tanger. Die Bordelle, die der medizinischen Kontrolle unterstanden, sind seit Jahren geschlossen. Illegale Häuser und schäbige Hotels sind an ihre Stelle getreten, wo altgewordene Prostituierte ihr Gewerbe mit zugereisten Arbeitssuchenden vom Land und den Armen aus der Stadt gegen ein lächerlich niedriges Entgelt betreiben. Einige von ihnen haben damit aufgehört, wegen der Würde des Alters oder der Religion, und arbeiten nun in Restaurants, Hotels oder in Häusern von Neureichen. Manche der Frauen haben einen Anflug von Damenbart, vereinzelt auch borstigen Haarwuchs und Zahnausfall. Nur wenige haben genug verdient, um sich in den Tagen, da die Fremden in ihre Heimatländer zurückkehren, ein Haus auf eigenem Boden zu kaufen und den Lebensabend in Wohlstand zu verbringen. Die anderen, die jungen und hübschen, sind nach

Spanien, Frankreich, Belgien, Holland und Deutschland ausgewandert. Ende der Sechziger tauchte eine neue Generation jugendlicher Prostituierter auf, die sehr viel freier in der Kleidung, der Art zu reden, den sexuellen Gebärden waren. Mit frühzeitig gereiften Körpern überfielen sie die Stadt wie Heuschrecken. Sie kamen aus allen Städten. Es war die Generation der Luxushotels, Nachtbars und des Rauschgifts[2].

Ich machte mich an jedes Buch heran, das mir unter die Finger kam, aber am meisten nahmen mich Werke der Literatur und der Psychologie gefangen. Wo immer ich mich befand, las ich, oder ich hielt Gedanken wie die folgenden fest:

»25.9.1961 Café Central.

Wenn die Frau, mit der ich ständig leben sollte, mich nicht von allen anderen Frauen abhält, dann ist sie nicht die, mit der ich unbedingt leben muß. Sie hat alle Frauen auf einmal zu verkörpern, und alle anderen Frauen dürfen nicht sie sein. Ich müßte sie selbst bei stockfinsterer Dunkelheit ausmachen können, mitten in einem Gewühl von Massen von Frauen. Sind die Kerzen verloschen, erleuchtet jeder den anderen. Stehen wir verborgen hinter dicken Vorhängen, erkenne ich sie und sie mich. Die Frau, die durchdringendes Licht ist. Die Frau, die durchscheinend ist. Noch habe ich sie nicht gefunden.«

In der Zeit, als ich solche Gedanken über die ideale Frau aufschrieb, genoß ich es, mit den miesesten Frauen der noch verbliebenen illegalen Bordelle Tangers zu schlafen: Die Zersetzung des Geistes durch den Körper, das allein war mir in dieser Phase möglich, und vielleicht ist das mein Schicksal.

2 Die Hippies, die in die Stadt kamen, spielten eine große Rolle bei der Verbreitung der verschiedensten Sorten von Rauschgift.

Ich hörte einmal, wie eine dieser Frauen zu ihrer Freundin sagte: »Die Männer sagen immer: ›Du bist schön‹, dabei habe ich das lange vor ihnen gewußt.«

Mir scheint, daß eine Frau vom ersten Erknospen bis hin zum dahinsiechenden Altern ihr eigener Spiegel ist. Sie beobachtet lange vor dem Mann ihren Körper. Onanie und billiger Sex – das war es, was mich davor bewahrt hat, der enttäuschten Liebe in die Falle zu gehen. Frühzeitig hatte ich entdeckt, daß ich die Wesensart von Huren liebe, dennoch kann ich mit keiner zusammenleben. Jede ist überzeugt, daß es der Mann ist, der sie zur Hure gemacht hat, und deshalb will sie ihn ihr Leben lang zu einer Hure machen, wie sie es ist.

## Leben in der Zeit der Fehler

Laßt uns träumen. Über den Traum hinaus. Oh, die Kuhstelze! Der Fisch, der den Hai lotst! Der Krokodilwächter! Der Madenhacker des Rhinozeros! Der Sklave, der an einen Sitz gefesselt rudert und bis aufs Blut mit der Peitsche angetrieben wird. Heute durchlöchert ihn eine Kugel, noch ehe sein Körper in der Sonne einen Schatten bilden kann oder er in der Nacht zum fliehenden Phantom wird.

Nach dem Letzten kommt keiner mehr, und wenn ich der Letzte bin, liegt das an ihr, der Weisheit. Ich ließ sie mir alles gewaltsam entreißen, was ich von ihr hatte erfahren wollen. Von wem sollte ich heute noch Weisheit empfangen? Die Klugen sind dem Wahnsinn verfallen, faseln dummes Zeug auf den Straßen, und die, die daran recht getan hätten, zu bleiben, sind weggegangen und werden von Einsamkeit in schwere Ketten gelegt. Ihre Reise hat lange vor dem Aufbruch begonnen. Ich sah sie die letzten Gläser trinken. Eine Handvoll Heimaterde hat einer in einem kleinen Beutel als Amulett davongetragen. Vielleicht düngt er damit den Samen in erzwungener Fremde. Schon hat er Minzenstecklinge gesetzt. Schicksal des Elends im Heimatland. Benites hat vor Sonnenuntergang gesagt: Es kommen häßliche Zeiten. Hat's schon mal schöne Zeiten gegeben? erwiderte ich.

Von wem kommen diese traurigen Klänge, die ich

von ferne her höre? Von den Dahinscheidenden, wartend beim Zoll, den stehend Kriechenden. Das langsame Schleichen demütigt sie bis aufs Knochenmark. Die Erniedrigung durchs Vaterland ist grausamer als die der Fremde. Einen hörte ich seufzen: Diese Nacht wird uns hier das Grab bringen. Als ließe die Nacht der Überfahrt alle Erinnerung an vergangene schreckerregende Nächte auferstehen. Ich bin an Sonne und Meer gewöhnt. Wie sollte ich, zwar mit einem Meer, doch ohne Sonne leben! Besuchen uns Wolken, sind wir verblüfft. Hat der Himmel, sich spiegelnd über unserem Boden, die Farbe verloren? Uns lacht die Sonne bereits, bevor sie den anderen nur zulächelt, aber sie selbst haben sich verhüllt!

Schluß mit dem Geschwätz. Du mußt lernen, von anderen Welten zu träumen, wie jene es tun, die sie besitzen. Steh den Dingen nicht blind gegenüber. Oft genug nährt sich das Gute vom Bösen. Gesichter, die dir kein einziges liebenswertes Gefühl entlocken, und dennoch – sieh sie dir an.

Die neuen Bars in dieser Stadt haben uns zerbrochen. Gesichter, die nur von Streitsucht und Dummheit sprechen. Mit Chefs, die noch entsetzlicher als ihre Kunden sind. O Jammer, keine Madame Troudy mehr, keine Grille, keine Barad[1], wo niemand je wegen eines Glases betteln mußte. Jede dieser Bars ein Baum, der einem den ganzen Wald ersetzte. Jede ein Schauplatz für sich. Doch die von heute sind häßlich und werden in ihrer Fratze noch von den Chefs übertroffen. Die Stunde der Begierde rückt näher. Doch sie, die uns zusammenbringen könnte, trennt uns, selbst dann, wenn wir uns nur begegnen oder uns festhalten wollen. Bisweilen

1 *Parade.*

komme ich mir wie der Stier vor, der aus dem Gang der Finsternis herausstürzt ans Licht, die Hörner ins Leere stößt, mit den Hufen scharrt und sie in den Sand stemmt, um den Schock leichter zu machen, der ihn beim Kampf mit dem ihm verhängten Schicksal trifft. Es ist das Leben in der Zeit der Fehler. Die Nacht der Straße hat mich besudelt. Selbst ihre sanften Verrückten haben sich in die Einsiedelei zurückgezogen. Sie sind Weise geworden. Mit langen Bärten. Nicht weil sie ketzern wollen, sondern weil sie kapitulieren. Die Nacht eines fernen Heims. Das ist es, was ich ersehne. Die Nacht der Sehnsucht nach der Straße. Die Nacht des Traums von weiten Reisen. Daß ich weggehe, und sei es nur in einen Vorort der Stadt. Mach mich staubig, hüll mich in Sand, du meine glatte Straße. Alle Abende, alle Morgen erwarten mich dort.

Ich wohne im Fal Fluri VAL-FLORY, in der Nähe meiner Schule. Ich werde über die Unannehmlichkeiten der Stadt schreiben. Ich werde gegen sie sein. Was sie an Freudenrausch zu geben hatte, ist im lärmenden Tumult untergegangen. Lange Zeit habe ich keinen Sonnenaufgang, keine Morgenfrische, keinen Tau erlebt. Erwachen bei Windhauch, Sturm, Überschwemmung. Alles nicht wichtig. Ich werde dort sein. O du Traumbild, das nur noch in dem besteht, was sich meine Phantasie nicht mehr vorstellen kann. Träumen wir also ein wenig mehr, über die Erinnerung, glücklich oder unglücklich, unserer Kindheit hinaus. Ich schreibe, was ich in Verzweiflung zerreiße. Es fehlt mir die Schönheit des Ausdrucks. Wie vollzieht sich das Schreiben? Ich bin mein eigener Zwerg. Imuzar, Ifran und der See Daja Awwa sind fern all jener Neureichen, die ihr Vermögen verschleudern – an die am Tag Verzweifelten, an die auf die Schätze der gewerblichen

Nacht Hoffenden. Doch der Nutznießer ist die Krake, die sich diese Elenden hält. Männer und Frauen suchen Trost in der Nacht, in deren Macht es liegt, ob es zur Heirat oder zur Scheidung kommt. Die Gedanken der Menschen sind aus dem Stoff ihres Schweißes gemacht. O ihr Freuden, die ihr in diesen vereisten Herzen keinen Platz mehr habt, kommt und haltet uns warm. Laßt uns träumen, über den Traum hinaus.

Erfüllt mich die Nacht, so schwanke ich zwischen Erlaubtem und nicht Erlaubtem. O wäre ich eine Blume, die nur einmal blüht. O könnte ich mich aus mir selbst erschaffen, der Seele das Schicksal neu bestimmen und alles löschen, was einstmals war. Doch was an Gefühl mich erfüllt, gehört zu mir: Ich – der Sprößling von Gruppenempfinden, Kind des Imperiums der Sinne, Nachkomme des Ameisentums und Fischtums. Vereinzele dich, und sehe dem Schicksal entgegen. Geht alle Mannesreife auf Kindheit zurück? Ist beides unlösbar verbunden? Bin ich als Mann, wie ich als Kind war? Die Kindheit von Krätze befallen, wer sollte sich da meiner Männlichkeit nähern? Zwischen zwei Blüten geboren, liebe ich keine.

Frauen kommen, Frauen gehen. Wo ist der Duft, der mich umhüllt? Geblieben sind die, die der Geifer der späten Nacht besudelt. Ich erinnere mich der letzten. Sie war verrückt, aber sie hat aus der Zauberquelle ruhiger Sanftmut getrunken. Auf ihrem Rücken lag ein Pfauenschwanz blonder Haarfülle. Sie kam bei Sonnenuntergang und ging bei Sonnenaufgang. Sie ließ in meiner Hand ein Häufchen Blütenblätter und ward nicht mehr gesehen. Vielleicht habe ich nicht gewußt, wie ich ihren schönen Schenkel küssen soll. Vielleicht hat es uns aber auch an inspirierendem Schweigen gefehlt. Oder an banalem Gerede. Oder an Heftigkeit.

Vielleicht hat es uns an Distanz gemangelt: Sich berühren, ohne sich in die Augen zu sehen. Vielleicht hätten wir uns auch niemals begegnen und nie kennenlernen sollen. Woran ich mich erinnere, ist, daß sie wie ein verzärteltetes Kind war: Sie fand es köstlich, gefüttert zu werden, wenn nicht, warf sie mir alles an den Kopf. Ich habe von jeher ein solches Verwöhnen vermissen müssen. Ich lebte immer mit den Barbaren der Nacht in engen Gassen, ekelerregenden Ställen, zweifelhaften Kneipen. Meine Lieblingsblume war verwelkt, bevor man sie noch berühren oder an ihr riechen konnte. Die heiligsten Geheimnisse versetzen mich nicht mehr in Furcht: Meine Gelüste sind das Geheimnis, dem ich lebe. Möglicherweise sind sie ein Verbrechen, für das mich niemand bestrafen wird. Ich kann die Begierde nicht aus dem Körper vertreiben. Ein Versprechen ist ein fälschliches Pfand. Ich werde nicht darauf warten, daß mich jemand belohnt. Der Reis: Mäßigkeit. Das Brot: Geduld. Die Liebe: das Salz – aber immer der Wahnsinn der Natur, nicht der des Tempels.

Im Viertel Val-Flory begann ich es zu lieben, die Nächte zu Hause und nicht in Kneipen, die Morgen in den Bergen und am Meer und nicht in den atemlosen Straßen und Cafés, die auf die ersten Kunden warten, zu verbringen. Der Rost machte mir Angst.

Dieser baumigen und grasigen Nacht fehlt nichts, außer heulenden Steppenwölfen. Vor Rimbaud, Verlaine, Nerval, Baudelaire, Shelley, Keats und Byron lernte ich Heinrich Heine kennen. Ich hatte bei Heine »Ich liebe, also lebe ich« eher gelesen, als bei Descartes »Ich denke, also bin ich«. Dann kam Sartre, der mir eine neue Sicht gab: »Ich bin, was ich bin und bin nicht, was ich bin«.

Ich halte eine strenge Verabredung ein – die des Zerreißens von Geschriebenem. Die Bekenntnisse Rousseaus haben mich gelehrt, Trost im Besitz von kleinen Dingen zu finden, um die sich die anderen nicht kümmern. Doch die Zersetzung des Geistes durch den Körper bleibt mein krankhafter, siegesgewohnter Wahn.

Ich habe im Feuer bereinigt, was ich im Val-Flory schrieb, und bin auf das Dach von La Plata zurückgekehrt, um in die Besudelung der Stadt einzutauchen. Ich begann, jeden Tag einen Stapel Bücher, zu welchem Preis auch immer, zu verkaufen und mich zu betrinken. Ich gab mir Ferien wegen Krankheit. An Büchern blieben mir: »Neue Blätter« FOLLAS NOVAS von Rusalia di Kastru ROSALIA DE CASTRO und der »Diwan« von El Mutamid Ben Abbad.

Eines Abends erklärte ich meinen Bankrott: den körperlichen wie den geistigen. Ich war im Café Brasserie du France. Ich weiß nicht, warum ich laut schreiend die Pharaonen verfluchte. Ich drohte dem Barmann, alle Flaschen und Gläser zu zerschmeißen, wenn er die Feuerwehr holt. Aber die Männer kamen, und ich trank mein letztes Glas, bevor ich sie begleitete. Ich hörte den Barmann zum Kellner sagen: »Der Arme, die Bücher haben ihm den Verstand geraubt.«

»O ja, ich habe ihn nachts, gegenüber von der Monokel-Bar, in einem Hauseingang schlafen gesehen, mit lauter Büchern unterm Kopf. Möge Gott ihm beistehen.«

# Die Vergessenen

Im Zimmer stehen fünf Betten. In der Nacht schallt aus der Ferne Gebell und Gequake. Ich lese über das Leben van Goghs. Er hat mit dem Traum begonnen, mit der Verzweiflung geendet. Im Wahnsinn, am Himmel der Illusionen, bietet sich einzig Raum, mit gestutzten Flügeln fliegen zu lernen. Die Stille ist allumfassend. Plötzlich erhebt sich Geschrei, dringt immer stärker ins Zimmer. Ein Erdbeben, sagen die anderen. Ich habe nichts gemerkt. Wahrscheinlich war ich eingenickt, als es geschah. Ein Patient aus einem der anderen Zimmer kommt herein. Nach und nach weckt er alle auf. Das Gespräch über Gott, Religion und Naturkatastrophen beherrscht bei uns Jussuf mit seinen Erklärungen und Erläuterungen. Er kennt den Koran und die Überlieferungen vom Propheten auswendig. Über ihn sagen sie auch, daß das siebenfach zu viele Lesen ihn verrückt gemacht hat. Er sagt: »Gott fürchtet seine gelehrten Diener«, und »Der Tod ist die höchste Wahrheit«.

Mansur erklärt: »Ein Tag auf Erden ist besser als tausend Tage unter der Erde. Tausend Jahre Leben, bevor der Mensch es verflucht.«

Omar sagt: »Schluß mit den Geschichten der Heiligen und dem ganzen Schwindel, und her mit Brot, Wasser und Zigaretten.« Da ihm keiner etwas gibt, verflucht er unser Wachsein und zieht sich die Decke übers Gesicht.

Jussuf sagt: »Die Menschen von heute sind Sünder, wie es schon ihre Väter und Ahnen waren. Schmerz ist eine billige Gerechtigkeit. Die Glücklichen sind nicht unbedingt die, die Gott am nächsten stehen, und die Elenden nicht die, die Gott fern sind.«

Es gab einen Jungen, der nicht aufhörte zu schreien: »Schneidet mir die Hände ab, da sind sie, hackt sie ab.«

Jussuf sagte: »Die Zeit ist alles Verderbnis. Den Lebenden bringt man zu Besuch die gleichen Blumen, mit denen die Toten verabschiedet werden. Als wären Blumen der Freude auch solche der Trauer. Die Herzen der Menschen sind wie Schmetterlinge, die um verwelkte Blumen flattern.«

Wenn wir auf den begrünten Hof hinausgehen, singt Abraham sein Lied für uns:

Auf Erden und im Himmel lebe die Liebe,
im Vaterland und im Exil lebe die Liebe,
in Gefängnissen und in Tempeln lebe die Liebe,
in Hütten und Schlössern lebe die Liebe,
in Gassen und Friedhöfen lebe die Liebe,
in Häusern und Hospitälern lebe die Liebe,
im Frieden und im Krieg lebe die Liebe.

Mansur sitzt neben mir, schnüffelt an einem Sproß von frischer Schönheit. »Es ist nicht leicht, verrückt zu werden, und es ist schwer, bei Verstand zu bleiben, um nicht verrückt zu sein.«

Jussuf sagt: »Der Verstand der Menschen ist schwer mit Lasten beladen. Ihr Körper ist der Esel. Ich habe einen Lastträger gesehen, der auf seinen Karren Sack um Sack packte, bis Karren und Esel zusammenbrachen. Er hatte Zeit sparen wollen. Ein Schritt, nur ein Schritt, doch wer wagt es, ihn zu tun. Jeder Mensch glaubt, einen Abgrund vor sich zu haben. Wir fallen hinein, noch vor dem ersten Schritt. Wie hoch sind die Bäume, wie klein ist der Mensch! Das Geheimnis des Lebens liegt im Geheimnis des Wachstums.«

Wir kehrten ins Zimmer zurück, nachdem wir unsere Portion Sonne, reine Luft und den Blick zum Himmel bekommen hatten. Abraham kommt herein. Er ist nicht eher froh, bevor ihm nicht jeder etwas zu essen gegeben hat. Ich reiche ihm ein Stückchen Brot und Oliven. Er ist nie satt. Auch mir schmeckt diese heilige Frucht. Abraham schlingt mehr, als daß er kaut. Er kaut fast überhaupt nicht. Er ist groß und dick. In der Nacht fallen sie über ihn her. Er klagt nicht, außer wenn ihn einer mit Schlägen vergewaltigen will. Sie verlustieren sich daran, die kleine Hündin, die zum Krankenhaus gehört, zu holen und sie dazu zu bringen, bei ihm unten, wo sie ihn mit Fett bestrichen haben, zu lecken. Mansur fragte ihn: »Wie heißt deine Liebste, Abraham?«

»Ister. ESTHER.«

»Wie sind ihre Augen?«

»Die allerschönsten.«

»Sind sie noch immer schön?«

»Ja.«

»Da täuschst du dich, Abraham. Die Zeit macht blind. Liebst du sie noch immer?«

»Ja.«

»Du täuschst dich schon wieder. Die Liebe stirbt. Entweder hat deine Liebste einen anderen Mann, oder sie ist gestorben.«

Jussuf streicht sich den Bart und meint: »Ein Mann allein ist ein Heiliger, ein Mann mit einer Frau ist ein Satan. Die Tage zu zählen, ist wie das Zählen der Herzschläge. Der schönen Zeit nachzutrauern, ist wie das

Nachhintenschauen beim Autofahren. Die schönsten Dinge dieser Welt gehen zugrunde und schwinden dahin. Das ist die Wahrheit, die ich von einem Stummen hörte. O du heilender Arzt, warum bist du von Lepra befallen? O du Doktor der Augen, warum bist du triefäugig?«

Von Flügel zu Flügel gibt es Bewegungen.

Man verlegte mich in einen anderen Flügel, der Beamten und Leuten mit gesellschaftlichem Prestige vorbehalten war. Manche Kranke aus den Sälen schlichen heimlich in diese ruhige Abteilung. Einiges von meiner Habe begann zu verschwinden, wenn ich nicht im Raum war: Alles, was man essen, trinken, rauchen konnte, war weg. Selbst die Flasche Martini war aus meinem Koffer verschwunden. Es war mir gestattet, das Krankenhaus zu verlassen, und so ging ich in die Stadt, um das, was ich brauchte, zu kaufen. Die Bücher, Zeitschriften und Zeitungen rührte niemand an. Einmal, als ich einen Kranken ertappte, wie er gerade mein Essen, das mir von draußen gebracht worden war, verschlang, sagte er zu mir: »Komm, iß mit mir, es ist köstlich.«

Ich dankte ihm und ließ ihn die gute Mahlzeit beenden: ein Huhn, nach ländlicher Art mit Zwiebeln und Rosinen zubereitet. Ich ließ ihn sogar die Nachspeise essen: Banane und Apfelsine. Danach verlangte er eine Zigarette.

El Damnati ist der Stärkste von den Kranken. Schon seit mehr als zehn Jahren ist er hier. Er hat in einem deutschen Zirkus gearbeitet, und seine akrobatische Nummer bestand darin, sechs Personen an seinem Leib zu tragen. Aber er ist nicht der älteste Patient, Schama ist schon länger hier: fünfzehn Jahre. Sie ist im Krankenhaus dreimal schwanger geworden. Keiner weiß, von wem. Wenn ihre Schwester sie besucht, empfängt sie sie mit Flüchen, spuckt sie an und weigert sich, mit ihr zu reden. Heute früh wurde El Mazmizi ins Krankenhaus zurückgebracht, mit verbundenem Kopf und Wunden im Gesicht. Er kommt und geht, wann er will. Seit mehr als fünf Jahren ist er in Behandlung. Er verhält sich nicht Menschen gegenüber grob und gewalttätig, sondern er tobt seinen Wahnsinn an zerbrechlichen Sachen aus. Tiere liebt er über alles. Er ist es auch, der sich um den Hund vom Krankenhaus kümmert, ihn wäscht, füttert, streichelt, mit ihm spielt.

Wenn er sich in der Stadt aufhält und sich langweilt, haut er mit dem Kopf eine der prächtigen Schaufensterscheiben ein. Ist sein Anfall von Wut und Verzweiflung auf dem Höhepunkt, dann kaut er Glasstücke und Rasierklingen. Er würde sterben, wenn er das hinunterschluckte. In diesem Zustand benimmt er sich, als hätte er Schnaps getrunken, Kif geraucht oder Tabletten geschluckt. Seine Art, sich zu verhalten, enthüllt den anderen seine innere Welt. Er durchlebt seine Tragödie nicht wie die meisten Kranken allein, die sich ihre eigene Welt aufgebaut haben, in der sie abgeschlossen für sich leiden. Wie grausam sie gegenüber sich selbst sind! El Mazmizi betrachtet das Krankenhaus als sein wahres Heim. Niemand besucht ihn. Er hat hier mehr Kumpel als draußen.

Es gibt einen Kranken, der als Kofferträger auf dem Bahnhof arbeitet, und der nur im Winter, wenn er fast ohne Beschäftigung ist, ins Krankenhaus kommt. Auch ihn besucht keiner.

Um dem Schwund bei meinen Sachen ein Ende zu setzen, habe ich El Damnati zum Wächter gemacht. Er sitzt vor der Zimmertür, blättert in meinen Zeitschriften und Zeitungen und raucht seine Zigaretten, die er sich selbst dreht. Alle zwei bis drei Tage kaufe ich ihm eine Schachtel. Ich gebe ihm auch von meinem Essen ab. Manchmal nimmt er sich ein Buch und tut, als würde er es Seite für Seite, vor sich hinmurmelnd, lesen, obwohl er keinen einzigen Buchstaben kennt. Eines Tages bat er mich, ihm laut vorzulesen. Nach ein paar Absätzen stoppte er mich.

»Ich konnte auch so lesen, als ich in der Glaubensschule[1] war.«

Wenn ihn seine unglückliche Mutter einmal die Woche oder alle zwei Wochen besucht, feiert er mit ihr immer Geburtstag. Er setzt sich auf ihre Knie, als sei er ihr kleiner Junge, und bedeckt ihre Stirn, den Kopf und die Hände mit Küssen. Einen Moment lang geht er zu seinem Stuhl zurück, dann wiederholt sich das Ganze. Geht einer der neuen Kranken vorbei, und schaut zu lange zu den beiden hin, dann bestraft El Damnati ihn mit einem kräftigen Schlag ins Gesicht. Meistens ist der Hieb stark genug, um den anderen in Ohnmacht fallen zu lassen. Die alten Patienten nehmen sich vor dieser verrückten Eifersucht in acht. El Damnatis Strafe für dieses Vergehen sind ein oder zwei Tage Einzelhaft im Flügel für gefährliche Fälle. Seit ich ins Krankenhaus kam, habe ich ihn zweimal gerettet: zehn Dirham pro Einlieferung für den Chef der Krankenwärter.

Selbst eine Art Hurerei ist mit mancher Patientin möglich, gegen Dirham oder was sie gerade braucht, weil sie niemand besucht. Sogar Prostituierte befinden sich hier. Eines Nachts führte sich El Damnati wie besessen als Toilettenwache auf. Das machte er zum erstenmal. Mit seinen kräftigen Schlägen hinderte er die

1 Koranschule.

Patienten daran hineinzugehen. Vom Nachtdienst, dem Wächter und dem Krankenpfleger war weder im Krankenhaus noch draußen etwas zu bemerken: Entweder schliefen sie, oder sie spielten Karten. Am Morgen mußte jeder, der den ekelhaften Geruch in der Kleidung, den Betten und im ganzen Krankenhaus nicht ertragen konnte, sich übergeben. Dieses Mal bekam El Damnati zur Beruhigung Elektroschocks, dazu noch zwei Tage Einzelhaft. Den dritten Tag ersparte ich ihm wie üblich mit zehn Dirham. Solche Anfälle passierten ihm nur selten.

Ich riß aus dem Playboy-Magazin die Bilder mit den nackten Mädchen heraus und schmückte damit mein Zimmer. Der Blick aus dem kleinen Fenster geht auf eine spärlich bewachsene Grasfläche, auf der die Patientinnen in den Ruhepausen herumspazieren. Sie schwatzen grüppchenweise oder zu zweit oder auch mit sich selbst. Sie kämmen sich, entlausen sich gegenseitig, auch wenn sie keine Läuse haben. In einigen Bewegungen ähneln sie Affen. Spitzt sich die Diskussion unter ihnen zu, weil sie sich ihre Schwachstellen vorhalten, dann fallen sie übereinander her, ziehen sich an den Haaren, kratzen und treten. Tobt der Kampf zwischen zweien, dann gehen die anderen zunächst nicht dazwischen. Aber das Handgemenge greift, falls nicht zur rechten Zeit eine Wärterin erscheint, auf die anderen über, denn das rasende Wüten ist ansteckend. Während der vier Monate, die ich im Krankenhaus verbracht habe, erlebte ich mehrere solcher erbitterten Szenen, die wegen der lächerlichsten Dinge ausbrachen: wegen eines Kamms, beim Gedrängel um einen bestimmten Platz oder nur wegen eines Blicks. »Kannst du nicht woanders hinglotzen?«

Eine Frau sondert sich von den anderen immer ab.

Sie zieht sich alle ihre Sachen aus und kämmt sich gedankenverloren. Ist sie angezogen, kommt sie verlegen näher und bittet mich am Fenster um eine Zigarette. Ich gebe ihr zwei oder drei Stück, damit sie nicht noch einmal kommt. Ich will sie ihrer Nacktheit, ihrer Träume, dem Riechen an der Blume, von der ich nicht weiß, wo sie sie her hat, nicht berauben.

Nachts sieht das Leben im Krankenhaus ganz anders aus. Ein Teil der Kranken schläft fast gar nicht. Es passiert, daß El Batul schluchzend oder wahnsinnig vor Freude zu mir kommt. Sie steht in ihrem durchsichtigen Nachthemd vor mir. Sie ist klein und ein wenig dick. Ihr Haar ist abgeschnitten, das Gesicht jungenhaft, die Haut weizenfarbig. Sie leidet an nervösen Störungen, weil sie unfruchtbar ist. Sie hat Angst, dem Wahnsinn zu verfallen. »Ich bin hier, aber ich gehöre nicht hier hin«, sagt sie bekümmert. Sie trinkt und raucht mit Genuß, um ihre Anspannung zu lindern. Ich habe für sie immer ein oder zwei Gläser und Zigaretten. Eines Abends zieht sie sich aus und ahmt die verführerische Pose von einer der Nackten an der Wand nach. »Ist die schöner als ich?«

»Auf keinen Fall, aber du bist nicht sie, und sie ist nicht du.«

Ich lege ihr wie gewünscht Tanzmusik auf, und sie läßt ihren schönen Körper mit betörender Koketterie spielerisch gleiten. Liebkosend legt sie einige Sachen ab und rollt sich wie eine Natter im Bett zusammen. Sich im Tanz windend, verführt sie mich und sich selbst, bis der Tanz genug von ihr hat und sie sich bewegungslos aufs Bett wirft. Es kommt vor, daß sie bis kurz vor Morgenanbruch bleibt, aber manchmal verschwindet sie auch sofort und ohne Abschied. Ihr ganzes Sein ist mit dem Kind verbunden, das sie nicht gebären kann.

Eines Morgens läßt mich Doktor Munsarra in sein Büro rufen.

»Ihr Zustand hätte höchstens einen Aufenthalt von einer Woche erfordert. Sie sind aber bereits fast vier Monate in der Klinik. Sie haben sich zur Genüge erholt. Ich führe kein Hotel, also müssen Sie wieder an Ihre Arbeit.«

Gestern nacht hat El Batul wieder getanzt und dabei laut gesungen. Es kam die Nachtaufsicht, der Wärter und der Wächter, und sie haben sie in ihren Saal zurückgebracht. Der Wärter schläft mit ihr. Ich habe sie nachts einmal gesucht, und da fand ich ihn auf ihr, in der Wäscherei. Er sagte: »Wenn ich fertig bin, gehört sie dir.«

Ich drückte ihm zehn Dirham in die Hand, und da verlangsamten sich seine Stöße.

# Sara

Sara ist von Larache nach Tanger gekommen, nachdem sich von dort erst die spanischen, dann die marokkanischen Soldaten zurückgezogen haben. Ihre Mutter ist Jüdin. Sie ist zwar mit einem Spanier verheiratet, aber ihre Religion hat sie nicht aufgegeben, auch wenn sie deren Vorschriften nicht einhält. Ihre Jugend war nicht frei von Flatterhaftigkeit und Herumhurerei. Das Hotel Arkadia ist alles, was Sara an Vermögen geblieben ist. Sie hat ihre goldenen Armbänder, Ringe und Ketten verkauft, um die Handelslizenz bezahlen zu können. Den echten Schmuck hat sie durch falschen ersetzt.

Neben mir wohnt Hinning Skram HENNING SKRAM. Wir lassen unsere Türen immer weit offen stehen. Ich warte auf mein Glück bei einer Frau, er auf das bei einem Mann. Es ist der Wunsch auf eine unverhoffte Überraschung, die einem von uns der nächtliche Korridor bescheren möge. So ist die Nacht: die Nacht Tangers.

Er liest klassische Theaterstücke, ich verschlinge jedes beliebige Buch. Immer wieder spielt er mir Rollen vor, mit denen er vor mehr als zwanzig Jahren in Dänemark aufgetreten ist. Ich verstehe kein einziges Wort, aber ich bin beeindruckt von seiner Stimme und seiner Darstellung. Eines Nachts kniete er proklamierend nieder, und als er sich erhob, war sein Gesicht tränenüberströmt.

Wenn wir in unserem Warten enttäuscht werden, setzen wir uns entweder in meinem Zimmer oder in seinem zusammen. Wir teilen uns einen Krug Wein. Er hat ein sehr zartes Gemüt. An heißen Tagen feiert er, völlig ausgezogen, vor dem Spiegel seine Nacktheit. An seinem fünfzigsten Geburtstag taumelte er, närrisch geworden, zwischen Lachen und Weinen. Er betrank sich so sehr, daß er seine Schuhe nicht mehr fand. Wir trugen ihn in sein Zimmer, und er lallte wie ein Kind: »Laßt mich, laßt mich allein, ihr Hurensöhne.«

Er lebt vom Geld seiner Tante. Sie hat ihm einen monatlichen Betrag ausgesetzt, von dem er sich in Tanger oder sonstwo bis zu seinem Lebensende ernähren kann. Der Tod macht ihm Angst. Ich fand ihn mal weinend in seinem Zimmer, weil vor dem Hotel ein Leichenzug vorbeikam. (Ende 1960 traf ihn in Melilla ein Gehirnschlag, so daß er dort begraben wurde).

Ich sagte zu ihm: »Um den Gedanken an den Tod zu bezwingen, dürfen wir uns selbst nicht als Tote vorstellen. Dein Schicksal geht nur dich etwas an, sonst keinen, also warte auf niemanden, der dich tröstet. Halte dich für unsterblich, und sei es auch nur Einbildung. Nur die Liebe zum Leben besiegt den Tod.«

Seine Traurigkeit schwand ein wenig, und spöttisch gab er mir einen Klaps. »Du hältst mich für reichlich naiv. Denkst du, wir sind im Theater?«

Henning kann auch nicht mit Krankheit umgehen. Beim geringsten Schmerz fängt er zu zittern an.

Fünf oder sechs Gäste, die ständig im Hotel wohnen, essen mittags und abends gemeinsam in dem Raum, der Küche und Speisesaal zugleich ist. Unsere Köchin, Lalla Safia, bedient uns. Wenn Sara danach zumute ist, serviert sie uns das Essen und setzt sich zu uns an den Tisch. Ihre Mutter Lola (ihr richtiger Name ist Hasiba) gesellt sich nie zu uns. Sie hockt immer in ihrem dunklen Zimmer. Manchmal spielt sie für sich allein Karten. Kaum jemand besucht sie.

An unserem Tisch taucht ein Mann auf, den ich schon in den Cafés am Innenmarkt gesehen habe. Ich weiß nicht, was er arbeitet. Er stolziert eingebildet herum. Wahrscheinlich will er jedem, der ihm begegnet, seine Wichtigkeit klarmachen. Er ist ein Freund von Saras schwarzhäutigem Geliebten Butami, der mit seinem gewaltigen Körper, dem einer halbierten Melone ähnlichen Gesicht und der niedrigen Stirn wie ein Abkömmling von Gorillas aussieht, wie ein Zindjantrupu ZINJANTROPO. Seine Augen kullern herum wie zwei schwarze Weintrauben.

Der neue Gast wohnt nicht im Hotel. Tage vergehen, ohne daß er Anschluß an uns bekommt. Wir machen Witze, lachen, doch er blickt düster drein. Ich denke: Erwartet der etwa, daß wir ihn unterhalten? Eines Abends, wir hatten zu Ende gegessen und tranken noch etwas, versuchten alle, sich beim Witze reißen den Rang abzulaufen. Wir lachten so sehr, daß uns die Tränen herunterliefen, und da sprang er plötzlich auf und ging wütend hinaus. Scheiß drauf! Was war in dieses Känguruh gefahren?

Am nächsten Tag war er als erster im Eßraum. Als ich hineinkam, blätterte er in einer französischen Zeitschrift. Vor ihm lag ein Päckchen, eingewickelt in Seiten einer französischen Zeitung. Ich grüßte ihn und setzte mich hin. Er nickte nur kurz und starrte gleich wieder hinunter. Ich dachte: Der mimt wohl den Denker und Wissenshungrigen. Scheiß drauf. Ich war nahe dran, vor Lachen laut loszuplatzen. Lalla Safia schien entgegen ihrer sonstigen Art verstört. Gegenüber von Lolas Zimmer, wo Sara schlief, wenn ihr Gorilla nicht im Hotel übernachtete, tauchte Sara in der Tür auf und winkte mich zu sich. An diesem Abend würde bestimmt noch etwas Seltsames passieren. Sie zog mich ins Zimmer.

»Was macht ihr bloß? Er ist Geheimpolizist und Butamis Freund.«

»Na und?«

»Was da eingewickelt vor ihm liegt, ist sein Revolver. Lalla Safia hat gesehen, wie er ihn hervorholte und abwischte.«

»Ich versteh überhaupt nichts. Was ist los? Will er uns drohen?«

»Aber nein, ihr dürft ihn nur nicht wütend machen. Ich möchte, daß ihr beim Abendessen ruhig seid und euch an seine Anwesenheit gewöhnt.«

»Oder er sich an unsere.«

»Ich möchte, daß du mich verstehst – ich will keine Probleme.«

Sara gehört zu der Sorte Menschen, die sich angesichts der Macht in die Hose pinkelt.

Der alte Portier Don Juan sitzt in einer Ecke dicht am Eingang. Mir gefällt seine aufmüpfige Art: Er hat nichts zu gewinnen und nichts zu verlieren. Er zeigt mit dem Daumen nach hinten, und mit dem Zeigefinger tippt er sich an die Schläfe. Immer kritisiert er an Sara herum, macht über sie seine Witze.

Einmal, als er abends mit uns zusammen ißt, sagt er mit dem ihm eigenen bissigen Humor: »Als wenn das Huhn keine Beine hätte. Es fliegt wohl immer.«

Auf seinem Teller liegen ein Flügel und der Hals. Seit mehr als zehn Jahren arbeitet er bei ihr.

Am Tisch: Buzjan, ein Englischlehrer, Henning Skram, der Geheimpolizist und ich. Don Juan ißt nicht mit uns, weil er zu tun hat. Er wartet, bis der

Raum leer ist. Sara schaut zu uns herein und verschwindet wieder. Sie ist verstört, lauert, ob etwas geschieht. Lalla Safia ist noch mehr durcheinander. Nie zuvor hat sie einen blanken Revolver in der Hand eines Menschen gesehen. »Er hat ihn geputzt, als wäre es eine Brille«, erklärte sie mir.

Entgegen unserer sonstigen Art hüllen wir uns in dunkles Schweigen. Henning weiß nichts vom eingepackten Revolver. Sara gießt uns Wein ein, nimmt die Flasche mit. Henning bestellt noch eine Flasche, um die eisige Stille zu brechen. Auch ihn überfällt allmählich der Argwohn, daß heute noch etwas geschieht. Er ist niedergeschlagen. Vielleicht packt ihn jetzt beim Gedanken an seinen Liebsten Verzweiflung. Seit einigen Tagen gehen sie sich aus dem Weg. Henning liebt seinen Freund mehr, wenn er traurig, als wenn er fröhlich ist. Mit zittriger Hand gießt er erst dem Polizisten, dann uns ein. Wir stoßen an, die Gläser klirren. Lalla Safia hat sich ein wenig beruhigt, anscheinend auch Sara, die mit einem aufgesetzten Lächeln zu uns hereinschaut. Ich weiß nicht, warum ich finde, daß sie mit einem Strauß Ähnlichkeit hat. Ist es der lange Hals? Oder das Gesicht, das wie ein Herz aussieht? Noch bevor Hennings Flasche leer ist, bestellt der Polizist eine neue. Er will sich freundlich geben. Heimlich hat er das eingewickelte Päckchen vom Tisch genommen und in die Tasche seines Mantels gesteckt.

Buzjan hat sich eine Liebesgeschichte mit einer Schülerin ausgesponnen. Morgen wird er uns wieder eine Flasche spendieren. Er hat noch nie mit dem Mädchen gesprochen. Es ist eine Liebe mit Blicken aus der Ferne. An zwei Tagen der Woche fängt sein Unterricht erst um zehn an. Da fährt er um sechs Uhr morgens nach Tetuan und kehrt nach drei Stunden zurück. Er frühstückt im Café Afinida de España, weil seine Angebetete dort vorbeigehen wird. Voller Wonne schaut er sie an, sie aber nicht ihn. Kehrt er erschöpft und verstört zurück, dann wissen wir, daß sie nicht vorbeigekommen ist. An diesen beiden Tagen, ob sie nun erschienen ist oder nicht, lädt er uns beim Abendessen zu einer oder zwei Flaschen Wein ein. Er trinkt nur gelegentlich, und wenn, dann nicht allein. Trinken sei ein gesellschaftlicher Vorgang, sagt er.

Um ein Uhr mittags tauchen plötzlich Polizisten und Feuerwehrmänner mit einer Leiter auf, und eine Menschenmenge drängt sich flüsternd zusammen. Sie schlagen das Fenster eines Zimmers ein, um die Tür von innen aufzumachen. Saras Gesicht ist blaß und bebt, der Schreck verzerrt ihre Miene. Alle, die Justine vom Hotel her kennen, sind bestürzt, daß sie sich umgebracht hat. Am Abend zuvor hatte sie mit uns gegessen und getrunken und war fröhlich und mit geröteten Wangen von uns gegangen. Ich erinnere mich, wie sie, als sie die Treppe zu ihrem Zimmer hinaufstieg, uns noch einmal zulächelte. Tagelang hatte sie sich von Brot ernährt, das sie in Wein tauchte. Die meiste Zeit verbrachte sie mit Lesen. Der Scheck, den sie monatlich erhielt, war wieder einmal nicht pünktlich eingetroffen, und diesmal hatte sie nicht mehr die Kraft, auf das Geld der Eltern zu warten.

Als ich von ihrer bedrängten Lage erfahren hatte, lud ich sie ein, mit uns zu Abend zu essen. Ich bin nicht überzeugt, daß sie sich nur wegen des Geldes das Leben genommen hat. Zweifellos waren mehrere lebensbedrohende Krisen zusammengekommen. Bestimmt hatte sie sich sehr elend gefühlt, und da setzte sich der Gedanke, ein ganzes Röhrchen mit Beruhigungstabletten zu schlucken, eben durch. Vielleicht hatte sogar der

Abend mit uns, der mit seiner Fröhlichkeit völlig unerwartet für sie kam, zu ihrem Zusammenbruch beigetragen.

Nachdem der Leichnam fortgeschafft und die Polizei verschwunden war, brach Sara in einen heftigen Weinkrampf aus. Ich trank mit ihr Kognak, um sie zu beschwichtigen. Je länger wir über das Schicksal, das den Menschen verhängt ist, sprachen, desto mehr vergaß ich, daß ich eigentlich in die Schule und arbeiten mußte. Wir tranken und lachten. Ich weiß nicht, wie ich nach oben in mein Zimmer kam und – vollständig angezogen – eingeschlafen bin. Zur Zeit des Abendessens wurde ich durch heftiges Klopfen an der Tür wach. Im Speisesaal war von der ausgelassenen Fröhlichkeit, die wir sonst an den Abenden zeigten, nichts zu spüren.

In den Schulferien im März wird Buzjans Kummer besonders stark. Wie üblich fährt er an den zwei Tagen nach Tetuan, frühstückt im üblichen Café, kehrt zur üblichen Zeit zurück. Seine Schülerin ist zwar nicht da, aber er hält Ausschau. Ich nahm ihn zu Barghusa mit. Sie hatte drei Mädchen. Ich überließ ihm die Wahl. Ich zog mit einer ab, die schielte, und ging mit ihr Erinnerungen an die Viertel von Tetuan durch. In der Dance-Bar fragte ich ihn nach dem Mädchen, das er sich genommen hatte. »Sie war nett, aber ich habe nicht mit ihr geschlafen, weil mich ihre Geschichte so traurig machte. Sie ernährt ihre Mutter und ihr Baby, das erst ein Jahr alt ist.«

Ich hasse Nutten, die im Bett ihre Probleme ausbreiten. Sie sind die leibhaftige Ursache für Impotenz.

Butami ist zwar nicht der einzige Liebhaber Saras, aber dafür seit Jahren der beständigste. Ihre Geilheit läßt sie es mit jungen Koitanten (von Koitus) aus der Stadt oder sonstwoher treiben. Einige tun es, weil sie arm sind, andere, weil sie es sonst nicht dürfen, wiederum andere sind einfach nur auf Ausländerinnen scharf, selbst wenn sie schon so alt wie Sara sind.

Heute kam ihr Lieblingsjüngling aus Chefchaouen an. Er ist jünger als ihr dreißigjähriger Sohn Carlos. Butami verbringt normalerweise den Samstag mit ihr, wobei sie bis Sonntag durchmachen. An den anderen Tagen widmet er sich seiner Frau und den drei Töchtern. Aber heute ist Montag. Vielleicht hat ihn jemand auf den Rivalen, diesen Einfaltspinsel, aufmerksam gemacht, und nun ist er gekommen, um sich den Nebenbuhler anzusehen. Sara hat sich prächtig herausgeputzt und das beste Parfüm genommen. Der Jüngling ißt mit uns zu Abend. Er scheint mehr aus Gefräßigkeit zu kommen, als wegen des Beischlafs. Er trinkt nicht, raucht nicht. Um ihn zu mästen und in unserem Beisein besonders zu ehren, gestaltet sich unser Abendessen, wenn er dabeisitzt, immer zu einem Festgelage. Aber Sara holt die Kosten wieder rein. Man hat mir erzählt, daß sie schon öfter dabei beobachtet wurde, wie sie Esel- und Pferdefleisch gekauft hat. Das könnte stimmen, weil die Scheiben bisweilen zäh wie Gummi sind. Aber das interessiert mich nicht. Die Vollpension bei ihr ist die billigste, die es am Innenmarkt gibt.

Butami schleppt sie nach oben, in eins der freien Zimmer. Wir hören Geschrei und Beschimpfungen. Dann rennt Butami wütend an der Tür des Eßraums vorbei, nicht ohne dem Jüngling einen verächtlichen Blick zuzuwerfen. Sara geht ins Zimmer ihrer Mutter und erscheint mit einer sehr dunklen Sonnenbrille, hinter der sie eine frische Bißwunde verbirgt. Sie ist eigensinnig, energisch und hartnäckig. Sie gibt nicht auf. Auch jetzt tut sie, als sei nichts geschehen. Sie setzt ihre Freiheit durch, erfüllt sich ihre Wünsche. Hier hat sie das Sagen. Soll streiten, wer will; soll gehen, wem es nicht paßt – sie bestimmt über sich selbst. Die Männer wüten herum und verlassen sie, aber sie kommen alle zurück. Sie bleibt die Herrin, die Freizügigkeit, Heiterkeit und Liebeslust genießt.

# Und am Himmel beinlose Vögel

Die Mittagszeit des Sommers läßt mich vor Unlust ersticken. Nichts könnte mich retten außer dem Meer, aber meine Trägheit hält mich davon ab. Ich habe schon seit Jahren den Spaß am Schwimmen verloren. Es ist nicht der einzige Genuß, von dem mich das tägliche Trinken abhält, sondern auch: das ernsthafte Lesen, das Schreiben, die Korrespondenz mit Freunden, das Nachdenken, das Träumen ... Selbst den Mittagsschlaf meide ich, vielleicht deshalb, weil ich in solch würgender Hitze völlig apathisch erwache. Ich habe die Wahl: zu Charles Luschuwali zu gehen oder zu Patricia oder zu Binitu Djarra BENITO GERRA, der aus Mexiko zurückgekehrt ist.

Oder ich gehe in eine der Kneipen am Meer, aber das Geschwätz und Gestammel der Betrunkenen werden die Hitze nur noch unerträglicher machen. Also zu Benito, den ich nach seiner Rückkehr noch nicht gesehen habe.

Er empfängt mich barfuß und wie üblich übertrieben überschwenglich. Dabei kann er sich an den meisten Tagen vor lauter Armut über nichts so sehr freuen wie über den Scheck, den ihm seine reiche Mutter schickt. Wir umarmen uns herzlich, dann packt er mich an der Schulter. »Noch hat dich der Schnaps nicht altern lassen, noch tut er dir gut.«

»Dich hat das weiße Pulver[1] ja auch noch nicht geschafft.«

Seine Djubba fällt locker, läßt die Brust frei. Dieses Mal wohnt er nicht in einem großen Haus – nur in einem Zimmer, im Viertel Ben Charki, mit dem Blick auf die Küste, einen Teil des Hafens, den Scharf-Hügel und den Bahnhof. Einige Bücher und Papiere liegen verstreut auf dem Taifur[2]. Aus einer mit Sackleinen bedeckten Schüssel holt er zwei kalte Biere heraus. »Das ist mein Eiskasten (Kühlschrank).«

Starker Haschgeruch. Er sieht gesund aus. Wenn er ankommmt, ist es immer so, aber sobald er wieder das weiße Pulver schnüffelt, Haschisch raucht, Opiumgebäck ißt und Schnaps trinkt, wird er mit Pusteln bedeckt sein.

»Und Valéry?«

»Wir haben uns geschrieben, als ich in Las Vegas war. Sie ist verheiratet und hat zwei Kinder. Sie lebt mit ihrem Mann an der Elfenbeinküste.«

Ich denke nicht, daß sie je mehr gewollt hat. Sie hatte sich zur Genüge in der flüchtigen Liebe aufgerieben.

»Patricia hat auch ein Kind, mit Giovanni. Aber sie lebt nicht mehr mit ihm zusammen, auch wenn sie sich noch treffen.«

»Ich weiß. Wir haben heute morgen im Café Central zusammen gefrühstückt.« Ich schaue auf die Papiere. »Was schreibst du?«

»Einen Roman. Mein erster Versuch mit Prosa. Es kostet mich große Mühe, jeden Tag eine Seite zu schreiben. Vielleicht brauche ich ein verrücktes Mädchen, dessen Haut meine Anspannung in Farben widerspie-

1 Kokain.
2 Runder Tisch.

gelt. Ich kann erst dann schreiben, wenn ich mit mir und den anderen uneins bin. Es kommt selten vor, daß ich vergnügt bin und schreibe.«

Jeder rege Verstand kommt aus einer zerbrochenen Seele, sagt Alfonsina Storni[3].

»Und Selma? Wo steckt sie jetzt?«

»Keine Ahnung. Ich weiß nicht, wer von uns beiden den anderen nicht mehr kennen wollte. Ich habe meine Ferien in Las Vegas nicht durchgehalten, weil ich dort einem Mädchen begegnet bin, das ihr im Aussehen und im Benehmen völlig glich. Ich habe sie für drei Gedichte ausgelutscht und bin geflohen, bevor ich sie haßte und zerstören würde.«

Er nahm ein paar Blätter vom Tisch und gab sie mir.

### DER NARZISS

Es macht mir Freude, deine Augen zu betrachten,
Fast haben sie das Gelb von Orangen;
und dein herabhängendes Haar glänzt warm wie Kakao.
Es gefällt mir, dein reines Gesicht anzuschaun,
wenn es offen liegt und wenn es sich verbirgt.
Laß mich eintauchen,
beim Verlassen des Traums und beim Versinken im Traum.
Deine süßen Lippen bauen Barrieren
auf meinem kriegerischen Mund.
Kampf ist meine bevorzugte Waffe.
Ich liebe mich selbst.
Was soll's!

3 CADA CEREBRO ACTIVO PROCEDE DE UN ALMA QUEBRANTADA.

Die Narzisse bringen andere Leiber zum Sinken,
auch Seelen, und das voller Zärtlichkeit.
Ich liebe dich bis ins Höchste, bis ins Niederste.
Seit der Hast des dunklen Beginns wurde deine Haut
vom steinernen Jahrhundert belagert.
Ein Funkeln wogt gen Zukunft, doch meine starke
Seele
ist ferner als die vier Richtungen.
Der Treffpunkt ist hier.
Wo immer es dir gefällt,
vielleicht in der Höhle des geheimnisbeladenen,
undurchdringlichen Himmels.
Der Treffpunkt ist hier.
Durst ist das Einigende allen Seins.
Der Treffpunkt soll sein, wo immer du willst.
Vielleicht gelingt es dir, mir zu begegnen.

## STREICHHOLZSCHACHTEL

Heute haben mich die Sterne verfolgt.
Meine Haut warf ich hin ... und mein Haar ...
meine wunderbaren Augen, die veilchenblauen.
Alles vergebens.
Sie haben mich mit sich gezogen,
einen Kontinent von Eis mit mir überquert.
Meine Seele erschrak.
Alles, was ich bin, rollte auf fruchtbares Land:
Knochen ... Schleim ... Schönheit ...
Da kam einer, der mich mit sich nahm.
Steckte mich in eine Schachtel.
Und deshalb werden Streichhölzer angezündet,
wie man erzählt.

## WEIHRAUCH

Es fällt der Schnee.
Ein Blau ergießt sich ins Zimmer,
und wir sind beieinander.
Nichts ist geblieben als Knochen,
als der Rauch der Glieder,
der schneckenlangsam aufsteigt.
Draußen regnet es Bläue,
drinnen tröpfelt es Weihrauch.
Und wir – zwei Bleiche, Unsterbliche, Zerfetzte,
ineinander verschmolzen im Äther vergänglichen
Rauschs.

# Luschuwali

Ich sollte nicht dort sein, wo Sommer ist. Er erstickt mich, läßt mich nur selten froh sein. Kaum kommt mir ein Gedanke, da wird mir schwindlig, und er entgleitet wie Tau, den der Nachtwind fortweht. Als ich noch jung war, da bot der Sommer ein paar Freuden und Wonnen. Mir gefiel schon immer der feuchte Sand des Meeres, nicht aber der trockene der Wüste, der schmerzliche Klapse versetzt und blind macht. Ich halte mich an Träumen fest, wenn mich Eifer überfällt, und ich erinnere mich meiner Sorgen, wenn es ans Schreiben gehen soll.

Er sitzt vor dem Café Central, sieht bekümmert aus. Er überfällt mich mit den Worten: »Ich brauche dich. Du mußt mir bei einem Problem helfen.«

Zum erstenmal erlebe ich, daß er jemanden um Hilfe bittet. Der Abend ist vorangeschritten. Schwerfällig erhebt er sich und sagt: »Wenn wir alt werden, wünschen wir uns, daß alles noch einmal von neuem beginnt.«

Ich schreibe diese Erinnerungen, während ich die Ode »An die Freude« aus der Neunten Sinfonie und das erste Nocturne von Chopin höre. Ich überlasse dem Leser die Freiheit, beides in seiner Vorstellung zu vermischen.

Luschuwalis Zimmer ist heiß wie ein Backofen. Eine Flasche Rosé steht auf dem Tisch. Wasser trinkt er nur, wenn ihm der Wein ausgegangen ist. Wasser sei etwas für Kamele und Frösche, pflegt er immer zu spötteln. Er füllt mein Glas: Der Wein ist warm, schmeckt sauer und riecht nach Kork. Er weist auf einen schäbigen Koffer neben dem Bett.

»Ich hoffe, dich nicht allzusehr zu belästigen, wenn ich dich bitte, ihn an die Küste zu tragen.«

»An die Küste!?«

Hat der Wahnsinn bei ihm eingesetzt?

»Wundere dich nicht, aber ich werde dir nicht sagen, was drin ist. Du wirst selbst sehen.«

Wenn ich zu weit voraus bin, ermahnt er mich, langsamer zu laufen. Noch nie habe ich ihn so bedrückt und schmerzerfüllt gesehen. Schon immer ist er gegen »Faultiere« gewesen. Er bricht fast zusammen, aber er hält durch. Der Koffer ist nicht schwer. Ich frage mich, was wohl drin sein könnte. Ein paar Leute verabschieden sich bereits vom schönen Abend Tangers, andere schmiegen sich noch immer in den feuchten Sand. Ich öffne den Luschuwalischen Zauberkoffer: Kurzgeschichten, von denen er mir einige früher mal vorgelesen hat. Er hat sie niemals veröffentlicht. Dann ein Haufen Fotos, deren Farben verblaßt sind, und Orden, die er in den beiden Weltkriegen bekommen hat. Er verlangt, daß ich im Koffer Feuer anzünde. Ich sehe ihn betrübt an. Ich werde zwar seinem Wunsch nachkommen, das ist klar, aber ich würde gern ein Bild von ihm retten, um es aufzubewahren. Aber da lehnt er schon ab: »Ich möchte, daß du mir diesen Wunsch erfüllst. Diskutiere nicht mit mir. Wir können, wann immer du willst, von uns beiden noch viele Fotos machen.«

Die verkohlten Blätter fliegen umher, und er schaut in den dämmrigen Himmel, der von der Farbe der Mandelblüten durchdrungen ist. Erinnerungen an mehr als sechzig Jahre schwinden gnadenlos und ohne Reue dahin. Sein Gesicht ist von einer Trauer, die schon fast ans Weinen reicht. Hochrot kämpft er gegen die starke Erregung an. Zum erstenmal entdecke ich an ihm Nihilismus.

Den Geschichten, die er mir vorgelesen hat, fehlte es an literarischer Phantasie. Sie bestanden aus einer reinen Aufzählung seiner tragischen Erlebnisse, bar aller ästhetischen Gestaltung. Alles war vorher schon gekocht und fertig gewesen. Zweifelsohne hat seine literarische Begabung nicht vom Gefühl der Einsamkeit und von der Lektüre philosophischer Bücher profitiert. Er gehört zu denen, die immer fragen, ob das, was sie hören oder lesen, wahr ist oder nicht. Das einzige, was ihn in empörte Aufregung versetzen konnte, waren wöchentlicher Kirchenbesuch und Volksfeste zum Gedenken an Heilige. Lebensglück konnte er nur aus der Vergangenheit schöpfen: Das goldene Zeitalter war Ende der vierziger Jahre erloschen, trotz aller damaligen Katastrophen in Form von großen und kleinen Kriegen. Daß jene Zeit vorbei war, darin bestand sein größter Kummer. Nach dem Ausscheiden aus der Armee beschäftigte er sich mit Heilpraktiken durch Autosuggestion. Das hatte ihn schon in der Jugendzeit interessiert. Ich hielt diese Verfahren für eine Art Taschenspielertricks, aber diese Meinung nahm ich zurück, als er in meiner Gegenwart Sara behandelte. Er sprach ihr einige Sätze vor, die sie mit ihm gemeinsam wiederholte, und dabei fuhr er ihr mit beiden Handflächen über den Bauch, um auf diese Weise den Schmerz wegzustreicheln. Schließlich brachte er sie dazu, das Bett des Stöhnens und Wimmerns zu verlassen. Luschuwali war unser aller Arzt, wann immer wir Schmerz oder Kummer spürten, aber heute sah er leidender und jämmerlicher aus, als wir es je gewesen waren. Als bei mir Blutarmut festgestellt worden war, hatte er mir Kufta[1] aus rohem Pferdefleisch mit Eidotter, Knoblauch, Kräutern und Wein verordnet.

Aus seinen Andeutungen hatte ich immer die Warnung herausgehört, nicht mit trügerischen oder zweifelhaften Erinnerungen zu leben. Bei ihm kam hinzu, daß er sie niemandem hätte hinterlassen können. Er lebte zurückgezogen von allen Verwandten, nachdem diese so getan hatten, als sei er bereits gestorben.

Sein Renten-Scheck war länger als üblich ausgeblieben. Seine Widerstandskraft war erlahmt. Im Unterschied zu sonst ließ er den Kopf hängen, anstatt nach vorn zu schauen. Ich hörte ihn murmeln: »Im Land der Versprechen stirbt der Mensch vor Hunger.«

Ich fragte nicht, was er meinte. Als ich von ihm wegging, dachte ich: Er ist fünfundsiebzig Jahre alt. Wenn mir das Schicksal beschieden hat, dieses Alter zu erreichen, was bietet mir dann das Leben – Vergnügen oder Kummer? Immer wieder stellte ich mir diese Frage, als würde sie dadurch griffiger werden. Doch um mich stark zu machen und zu trösten, begann ich mir zu sagen: Mir wird es im Alter nicht schlecht gehen. ›Wenn wir alt werden, wünschen wir uns, daß alles noch einmal von neuem beginnt‹! Ich bin noch keinem in Luschuwalis Alter begegnet, der sich nicht über die Zeit beklagte, weil sie ihm das, was er liebte, vorenthalten oder ihm das Leben bis aufs Mark vergällt hatte. Aber Luschuwali war fast immer unbekümmert gewesen. Sein Lebensabend ließ mich allmählich auch den meinen fürchten. Nichts ist schwerer, als es zu unterlassen, das eigene Leben mit dem anderer zu vergleichen.

1 Kleingehacktes Fleisch.

Drei Wochen lang läßt der Scheck schon auf sich warten. Leise fallender Tropfen. Der Tropfen, der die Stille bricht. Seine Mahlzeiten beschränken sich auf Butter, Tomaten, Zwiebeln, Zitronen. Fast jeden Tag teile ich mit ihm eine Flasche Wein, weil es mir leid tut, wenn er das ihm so widerwärtige Wasser trinken muß. Das französische Kulturzentrum hat einen Vortragsabend über Heilung durch Autosuggestion für ihn organisiert, aber seine anfängliche Begeisterung schwindet schnell dahin, als er im Saal nur etwa zehn Personen sitzen sieht. Er beschränkt sich beim Vortrag auf zwanzig Minuten. Immerhin bringt ihm das fünfhundert Dirham ein, was ihn aus seinem verzweifelten Warten auf den Scheck befreit.

An jenem Abend benahm er sich mir gegenüber im Speisesaal unseres Hotels sehr großzügig: Essen und Trinken, Plaudereien und Witze, bis uns die Nachtmüdigkeit forttrieb.

Auch ein Vorfall aus dem vergangenen Jahr hatte ihn verbittert. Er hatte im Café Zagora die Klavierspielerin und ihren Mann, der Geige spielte, gebeten, ihn bei einem Lied aus den dreißiger Jahren zu begleiten. Kaum setzte er mit seiner kräftigen Stimme ein, da blieben die Vorbeigehenden draußen stehen, worauf der Kellner ihn mit der höflichen Bemerkung unterbrach, daß das nicht der passende Ort für Gesang wäre. Die Realität hatte sich von ihm entfernt, weil er in einer fremden Welt lebte. Er glich einem Menschen, der an einem Ast hängt, unter dem der Abgrund klafft: eine schwere, traurige Last.

Eines Morgens stöberte er mich im Café Central auf, als ich gerade meiner Faulheit frönte. Alle Schwermut war von ihm gewichen. Er lud mich ein, ihn zu seinem Freund George zu begleiten, der im Vorort Awwama wohnte. Ich hatte an diesem sengenden Tag nichts zu tun und fühlte mich überflüssig. Ich kaufte ein Kaninchen, Wein, eine Dose Pilze und Gerstenbrot. Wir stiegen in den Bus. Von der Endhaltestelle mußten wir ungefähr noch einen Kilometer zu Fuß laufen, um zu seinem Freund zu kommen. Der Weg war glühend heiß. Eine Schlange, einen halben Meter lang, kroch vor sich hin. Er blieb stehen, und sprach: »Überquere du zuerst den Weg. Du wolltest eher hinüber. Und du«, an mich gewandt, »du rührst dich nicht.« Der Schweiß floß uns nur so herab.

George lebt von der Bienenzucht. Außer Luschuwali, den ich manchmal begleite, besucht ihn kaum jemand. Gelegentlich kaufe ich Honig bei ihm. George jubelt vor Freude, als er uns begrüßt. Die geräumige Blechhütte hat er selbst gebaut. Im Sommer erstickt man drinnen vor Hitze, im Winter erfriert man vor Kälte. Sein ganzer Reichtum an Vieh besteht aus einer Kuh und Hühnern. Sein Leben ist asketisch. An Möbeln besitzt er lediglich ein Bett, einen Tisch mit ein paar Stühlen und ein kleines Radio. Mir macht es Spaß, im Schatten der Apfelsinen-, Zitronen- und Birnbäumen zu schlendern. Ein paar Birnen sind vor lauter Reife heruntergefallen, andere von Insekten angebohrt worden. Ich lege mich unter einen Baum und esse zwei Birnen. Luschuwali und George bereiten das Kaninchen zu. Ich lasse die beiden absichtlich allein. Sie haben viele gemeinsame Erinnerungen an ihre Heimat. Luschuwali ist ein Ketzer, George ein gläubiger Mensch, aber sie verstehen sich. Ich habe sie nie über Religion streiten hören. George hat auf dem Feld und neben dem Brunnen Holzkreuze aufgestellt, und über der Tür hängt auch eins, dunkel wie eine Vogelscheuche. Hier hat der Teufel nichts zu suchen. Ich denke: Was macht ihm an diesem Leben in fast totaler Zurückgezogenheit Spaß? Sogar an Büchern fehlt es, bis auf ein paar in festem Einband und schon ziemlich vergilbt. Keine Spur von Zeitschriften und Zeitungen. Vielleicht nährt sich seine Seele vom Meditieren, wie bei den Geistlichen und Heiligen. Sie machen sich selbst zum Thema ihrer Reflexionen.

Vögel fliegen zwischen den Bäumen. Ein schwarzer Vogel hat sich auf einen Zweig gesetzt. Er zittert. Vielleicht ist es ein Olivenvogel[2]. Ich muß an die Spielplätze im Viertel Ain Khabbaz denken, an die Gärten in Kitane, an die Felder in Sirimin, an Oran. »Der Mensch ist so, wie er endet, nicht, wie er anfängt.« Das ist auch einer von Luschuwalis Sprüchen. Ich weiß nicht, was für eine Art von Greisentum mich erwartet, falls ich lange zu leben habe. Auf keinen Fall werde ich den Koffer meiner Erinnerungen an der Küste verbrennen. Bisher habe ich keinem Gefühl erlaubt, mich zu täuschen. Ich habe immer im Ausnahmezustand gelebt, immer nur das geliebt, was flüchtig war. Die Liebe zum Beispiel hat mich nur dann bezaubert, wenn sie eine Legende war: Ich spreche über sie, ohne sie aber zu berühren oder zu umarmen. Die Mädchen, die mich am meisten begeistern, sind die, die etwas Hermaphroditisches an sich haben. Vielleicht lauert in meinem Innern ein verborgener Hang zur Päderastie. Die jungenhaften Mädchen fand ich von jeher verführerischer und anziehender als die weiblichen, die Marylins und die üblichen Sängerinnen. Deren Nachteil ist, daß sie erst unter Gewaltanwendung dahinschmelzen.

Ich habe schon immer nach dem Spielerischen des Lebens, seinen geheimnisvollen Zeichen gesucht und

2 Star.

nicht nach der Wahrheit: nach dem Dunklen und Rätselhaften, nicht nach dem Hellen und Einfachen, nach dem Unbekannten und nicht nach dem Bekannten, nach der Fata Morgana und nicht nach dem Wasser.

Dicht neben mir fällt eine Birne hinunter. Ich wälze mich herum und greife nach ihr. Beim Kauen denke ich an Isaac Newton, Henri Thoreau und Robert Frost. Ich denke auch an den Juden, der sich in Tetuan aus dem sechsten Stockwerk stürzte und auf einen marokkanischen Arbeiter fiel, so daß Kopf und Hals in dessen Brustkorb eindrangen. Die Kuh läßt Mist fallen und brüllt, ein Stieglitz singt. Der Schatten des Baums hat mich in die ausgedehnten Schatten meiner Kindheit getragen: Ain Ktiouet, Ain El Hajani, Ain Khabbaz. Ich habe aus den Quellen dieser Viertel das trübe Wasser des Elends getrunken, den Schlamm des Erdbebens.

Nie zuvor habe ich so bestrahlt und bebaumt darniedergelegen. Früher bin ich unter den Bäumen immer umhergerannt, und hielt nur an, um eine Frucht zu pflücken. Jetzt aber suche ich den Schatten und zehre von der Reife des Baums. Die Zeit hat es nicht geschafft, daß ich in Teile zerfalle. Ich halte sie gefangen, wo immer ich will. Ich stehe in der Schuld meines Freunds Luschuwali. Ohne ihn hätte ich mich nicht an dieser Flut von Erinnerungen berauscht, die sich mit all ihrer Zartheit, Sanftheit, Tiefe über mich ergießen. Kummer und Plage schwinden bei dieser froh stimmenden, allumfassenden Entspannung dahin, die mich in süßen Schlummer gleiten läßt.

George kommt mit einem tönernen Becher, gefüllt mit Wein. Bei allem, was dieser liebenswürdige George tut, wirkt er wie aus uralter Zeit; seine Stimme ist zart, seine Bewegungen sind weich. Ich trinke und rauche, und von Schluck zu Schluck beginne ich, klarer zu sehen. Etappen meines Lebens leuchten auf – alte und neue, schlechte und gute, schmerzliche und freudige: Sie blitzen auf, verflechten sich ineinander wie die Zweige dieses Birnbaums. Ein frischer Wind kommt auf, beladen mit belebender Kühle. Luschuwali ruft mich zum Essen. Er liebt Kaninchen, zubereitet in Wein und mit Pilzen, mir gefällt seine Art zu kochen. Er ist von bestem Beduinentum.

# Patricia

Meine Nachbarin interessiert mich nicht; sie ist fade. Jedes Geschlecht hat seine Riten. Ich schreibe diese Erinnerungen in einer neuen, häßlichen Bar, eine von denen, die über die Stadt hereingebrochen sind. Ist der Abend gekommen, sich von der Nacht Tangers zu verabschieden?

Nein, niemals. Die Nacht von Tanger gehört mir. Wenn jemand sie so lange erlebt hat, daß es ihm erlaubt war, ihren Nabel zu sehen, kann er sich nicht davonschleichen. Wie gern bin ich zu ihr, und war sie auch noch so läufig, zurückgekehrt, und wie oft geschah es, daß ich, unterwegs auf einer Reise, auf halbem Weg umgedreht bin. Die Wahrheit liegt in der Zukunft. Niemand ist Zeuge dessen, was ich sage. Ich bin allein mit meiner Nacht. Da ist keiner, der in meine Einsamkeit hereinbricht.

»Burkudjuda! Burkudjuda!« PORKO JIUDA.

Anastasia weint. Wen beschimpft Patricia? Wen könnte sie dermaßen von Angesicht zu Angesicht beleidigen? Die Hitze brennt. Anastasia ist bis zur Taille nackt. Nichts ist schöner als kindliche Nacktheit. Ich denke an einen Strauß roter Rosen, besäumt von rötlich weißen Blüten, deren Kelche sich noch nicht geöffnet haben. Wie hat uns die Kindheit erfreut, wie hat sie uns aber auch leiden lassen! Nur in unseren Träumen dauert sie fort. Was bleibt denn noch, als den Wahnsinn der Nacht zu betreiben! Patricia sitzt auf der Matte. Ihre weit fallende Djubba ist von marokkanischer Machart. Sie zerkrümelt eine blonde Zigarette, um sich, wie sie es nennt, ihre Rakete zu machen. Tut sie das, um sich zu zerstören, zu bestätigen, auszuhalten oder zu berauschen? Vielleicht ist es Protest. Wegen Mißerfolg! Vielleicht wegen nichts. Zeit totschlagen. Eine plötzliche Laune. Wo sind die langen Nächte mit ihren Freuden hin, als noch Keith Jarrett spielte. Regengüsse, die den Gedanken an Sintflut aufkommen lassen, doch ohne dich hinwegzuschwemmen. Ich liebe es nicht, mir immer selbst zu ähneln.

Patricia glaubt, sie sei geboren, andere zu erfreuen. Wie oft habe ich sie gefragt: Wer sind das – die anderen? Sie schaut mich an, antwortet nicht. Sie lächelt. Bastelt ihre Rakete, verlegenenen Blicks. Die Schönheit aller Frauen vereinigt sich in ihr. Ihre Sanftheit macht selbst aus einem Frauenhasser einen Mann, der Frauen liebt, läßt einen Impotenten zum feurigen Hengst werden. Schlicht und einfach erklärt sie: »Es gibt eben noch andere.« Ist sie da, kann ich mich selbst mehr leiden. Tanzen, schwingen, damit die Welt schöner wird. Obwohl Patricia als Lyrikerin gescheitert ist, inspiriert sie den, der sie liebt, zur schönsten Dichtung. Künstler werden niemals in einem Stall sterben.

Patricias Gesicht strahlt. Anastasia hat aufgehört zu weinen und krabbelt zu mir hinüber.

»Du bist zur rechten Zeit gekommen. Anastasia braucht jemanden, der sie herumträgt.«

Ich nehme sie auf den Arm. Das Leben aufs Spiel zu setzen, ist überhaupt erst Leben. Im Flugzeug zu reisen war mein Traum, seit ich zum erstenmal das Dröhnen hörte. Die meisten Träume, an die ich mich erinnern kann, hängen mit dem Fliegen zusammen. Des öfteren ging mein Flug über Walddickicht und endete mit der Landung vor dem Eingang zu einer Höhle, von der ich mir einbildete, sie als einziger zu kennen. Dort kostete ich meine Einsamkeit aus, fern allen menschlichen Gestanks, den ich genauso wenig ertragen kann wie mich selbst. Anastasia plappert vor sich hin. Ihre Mutter bringt zwar für die Kinder nicht viel Geduld auf, aber sie liebt sie.

»Hast du mit Anastasia so geschimpft?«

»Aber nein, wo denkst du hin! Ich habe überhaupt niemanden beschimpft. Das ist eine Gewohnheit von mir, weil ich mir damit ein wenig Luft schaffe. Vielleicht habe ich mich sogar selbst gemeint, ohne es zu merken. Ich weiß nicht.«

Ich schwimme zum ersten Mal in diesem Jahr. Das Meer hat die Hitze des ganzen Sommers gespeichert. Manche Leute stehen morgens nur auf, um Dummheiten zu produzieren; andere sind einfach dumm geboren und sterben auch dumm. Sie stören.

Hatten wir uns wegen eines Krachs getrennt? Wegen eines Skandals? Käme doch nur jemand, der wüßte, wer wir sind. Brian Jason macht sich ständig über Land und Leute lustig, und das in einem Maß, daß wir bisweilen nicht wissen, ob er ernst ist oder spaßt. Ah, Sitges (Sitschis)! Was für ein Abendrot, und dann die Nacht in weißen Gassen! Dort sah ich Liebende, die sich in gegenseitigen Vorwürfen ergingen und nicht abgeschickte, hinausgeschobene Briefe lasen. Was bleibt uns schon außer einem Abendrot, das an nahe oder ferne Zärtlichkeit erinnert.

Patricia saugt an ihrer Rakete und fragt mich: »Ist was los auf der Straße?«

»Wie jedes Jahr: Vorher gemalte Losungen, Überwachung, bevor noch jemand danach gerufen hat. Dieses

Jahr protestieren sie aufs schärfste dagegen, daß immer mehr Gebäude errichtet werden. Aber wer baut sie? Jedes Jahr läßt man großzügig zu, daß ein Feiertag wie der der Arbeiter friedlich vorübergeht. Ach, was für politische Schaumschlägerei!«

»Choukri! Sie haben doch recht. Tanger verläßt allmählich den Boden, um nach einem imaginären Himmel zu suchen. Wir alle leiden unter diesem Überfall und dem Verlust des Alten. Laß uns von neuem beginnen, damit wir unsere Identität zurückbekommen. Wer einem Schmetterling im Wald hinterherjagt, den wird eine giftige Schlange erwischen, und wer einen Fisch fangen will, den wird der Hai zerreißen.«

Für deren Augen war unsere Art zu essen langsam, und wir sahen verwirrt zu, wie schnell sich ihre Mäuler bewegten. Wer zusieht, ist nicht der, der ißt. Zwischen Auge und Mund ist keine Verbindung.

In Patricia verbinden sich Freude und Trauer, Jubel und Murren. Ich werde mit ihr nicht streiten. Ich gehe aus dem verräucherten Zimmer, um Anastasia vor dem Haschischgeruch zu bewahren. Die Kleine ist an meiner Schulter eingeschlafen. Es stimmt, daß sie jemanden gebraucht hat, der sie auf den Armen trägt. Luschuwali hat einmal zu mir gesagt: »Wann immer ich mich von einem Freund entferne, rückt er mir näher. Man ist sich nah, auch wenn man sich nicht gegenübersteht oder dicht nebeneinander sitzt. Die meisten Menschen sehen selbst da Grenzen, wo es keine gibt.«

Ich zeige zur Hütte von Thomas El Rocho hinüber. »Da wohnte ein alter Spanier. Vor ein paar Monaten ist er gestorben. Ich habe ihn gekannt.«

»Ich hoffe, er hat zu leben gewußt.«

Anastasia schläft fest. Ich lege sie aufs weiche Bett. Patricia reicht mir ihre Rakete rüber. Ihre Zuneigung ist nebelhaft, romantisch, aber sie weiß deren heimliche Verborgenheit auszukosten.

»Was war mit dem Alten?«

»Er haßte Franco und verkaufte Luftballons.« (Ich spreche draußen vor dem Zimmer mit ihr.)

»Ist das alles?«

»Was willst du mehr?«

»Da hat er also sein Leben im Schweigen des Exils verbracht.«

»Was hätte er deiner Meinung nach tun sollen?«

»Du übertreibst wie immer, wenn du das Leben alter Männer verherrlichst. Es gibt keinen mehr, der von der Zeit des Prophetentums inspiriert ist.«

»Wie war's mit Benito?«

»Wir haben im Café Central zusammen gefrühstückt.«

»Hat er mir erzählt.«

»Er hat mir seine drei letzten Gedichte vorgelesen. Er hat seinen Lyrismus aufgegeben und begonnen, die Dinge mehr verstandesmäßig zu sehen. Aber von seinem Epikurismus ist er noch immer nicht weg.«

»Dabei wollte er vorher unbedingt Sufi werden. Er ist ein Phasen-Mensch.«

»Ich weiß. Was ist aus deinem Freund Luschuwali geworden?«

»Er lebt noch. Zur Zeit ist er von Schwermut befallen. Er hat einen Bruder, mit dem er sich gelegentlich schreibt. Luschuwali beschuldigt seinen Bruder Paul, seine Frau verraten zu haben, weil er sie um einer anderen willen verlassen hat, mit der er nach Australien ging. Im letzten Brief hat der Bruder ihm enthüllt, daß sie beide es waren, die verraten worden sind. Ihre beiden Ehefrauen, zwei Schwestern, hätten sie mit Liebhabern aus der Jugendzeit betrogen.«

Die Frau von Charles Luschuwali ist gestorben. Die Kinder sind verheiratet und haben selbst schon Kinder. Paul ist ohne Nachkommen geblieben. Seine Frau hat sich als Greisin allein nach Lufan LOUVAIN verkrochen.

Patricia reiste Anfang der siebziger Jahre mit den letzten Hippies ab und kehrte niemals wieder nach Tanger zurück. Im letzten Sommer hat mich ein junger Italiener besucht. Er erzählte mir, daß Patricia eine bösartige Gehirngeschwulst hat. Ihre Tochter studiert an der Universität. Ich schrieb ihr Worte des Abschieds. Nach dem Letzten kommt keiner mehr.

# Blockade

Ist es an mir, über Schnee zu schreiben, wo immer es ihn geben mag? Über die in einer Zelle gierig ersehnte Zigarette? Soll sein, was will. Überlassen wir dem den Raum, der, ob eingebildet oder nicht, noch hoffen kann.

Kasim ist der einzige Sohn seiner Mutter. Er lebt zwar mit ihr, aber er lehnt sie ab, obwohl er an ihr hängt. Er gehorcht ihr, weil sie seine Mutter ist, doch er ist außerstande, von ihrer Reue überzeugt zu sein. Er liebt sie, doch die andere Frau, die sie früher war, haßt er. In Momenten des Einklangs mit ihr überläßt er sich Traumbildern: seine Kindheit und das Glänzen eines geheimnisvollen Sees. Aber selbst dabei erlebt er eine imaginäre Blockade: heißes Liebesverlangen am Ufer des Daja Awwa. Er fühlt sich von vielen Defekten gefesselt, von denen er sich nicht zu lösen weiß. Was nahe ist, liegt ihm fern. Die Angst lähmt ihm die Sinne, so daß er sich ständig auf der Flucht befindet und alles, was ihm geschieht, sich in Wolken der Trauer hüllt. Er weiß nicht, wie er aus seiner Furcht Mut schöpfen soll. Er ist der Gefangene einer selbstgemachten Blockade; jede Beziehung vervielfältigt sein Elend. An Freunden gibt es nicht mehr als Finger an einer Hand. Eines Nachts hatten wir ihn bei einem Bekannten betrunken gemacht. Ein Mädchen, eine Halbprofessionelle, war bereit, ihn aus seiner Blockade herauszuholen. Wir hatten sie angeheuert. Ein schmaler Ausweg, aber immerhin ein Versuch. Er hätte sie beinahe erwürgt, wenn wir nicht ins Zimmmer gestürmt wären. In jener Nacht prügelte er, wo immer seine Hände hinlangten, auf seine Mutter ein. Das war der Anfang. Wann immer er trank und mit einer Frau Streit hatte, ließ er es an seiner Mutter aus. Kasim gewöhnte sich daran, alle Süße, die er mit einer anderen Frau nicht auszukosten vermochte, mit seiner Mutter zu genießen. Einerseits wollte er, daß man sich seiner nicht nur mit Mitleid erinnerte, andererseits war er unfähig, die Barrieren zu überwinden und seine Blockade zu durchbrechen. Er fürchtete, sich zu zerfleischen. Beim Gedanken an ein Abenteuer, das ihn ins Unbekannte führte, überfiel ihn Schwindel, so daß er lieber sein eigener Gefangener blieb. Nur selten setzte er sich in ein Café, und wenn er Platz nahm, dann gleich an der Tür. Er lief an der Küste oder auf dem »Großen Berg« herum, um seine Anspannung zu besänftigen.

Ein- oder zweimal die Woche besucht er mich. Wir sind keine engen Freunde, aber ich habe Mitleid mit ihm, und der Beruf verbindet uns: Er unterrichtet Französisch und ich Arabisch. Sein Interesse für die französische Literatur beginnt bei Madame de Staël und endet mit Mallarmé. Wir hören klassische Musik. Seine Lieblingsstücke sind die »Pathétique«, »Scheherazade«, »Don Giovanni« und die »Eroica«. Für einen, der das Schweigen mag, ist seine Anwesenheit nicht unangenehm. Ich lese oder schreibe, und er läßt beim Musikhören die Gedanken schweifen. Wenn er seufzt, schaut er zu mir hinüber. Ich tue absichtlich so, als würde ich ihn nicht beachten. In Gedanken versunken, blickt er mich mehrmals an. Nichts an mir erregt seinen Argwohn. Er gewinnt seine Gelassenheit und Gedankenverlorenheit wieder zurück, da ich ins Lesen oder Schreiben vertieft bin oder so tue, als würde ich mit geschlossenen Augen nachdenken. Er schämt sich wegen der Vergangenheit seiner Mutter. Sie hat mit ihrem jungen Körper um seiner Zukunft willen gekämpft, aber er hat ihr ihre Lebensweise nie verziehen. Seit er Lehrer ist, hat sie die Männer aufgegeben und putzt in einem Hotel. Sie ist jetzt Ende Fünfzig, und er nähert sich den Dreißigern. Er trägt immer ein Bild von ihr mit sich herum, auf dem sie in der Blüte ihrer Jugend zu sehen ist. Er ist davon überzeugt, daß jeder Mensch ihres Alters – männlich oder weiblich – weiß, welchen Beruf sie früher ausgeübt hat. Als einmal eine Frau aus dem Viertel ihn nach ihr fragte, fuhr er sie wütend an: »Warum fragst du nach ihr? Woher kennst du sie? Ist sie aus deiner Familie?«

Niemand wagt es seither, ihn nach ihr zu fragen; schon gar nicht Männer. Er holt das Bild seiner Mutter heraus und gibt es mir.

»Kennst du sie?«

Ich sehe mir erst das Foto an, dann ihn an. »Nein.«

»Hast du sie noch nie gesehen?«

»Noch nie.«

Ich gebe ihm das Bild zurück. »Wer ist das?«

Er sagt verwirrt: »Ich kenne sie selbst nicht. Ich weiß nicht, wer mir das Foto ins Buch gelegt hat.«

Vergeblich hatte er versucht, seine Mutter aus Tanger wegzubekommen und in einer Stadt im Norden zu leben: Asilah, Larache, Ksar El Kebir, Tetuan, El Schawun – wo immer sie gewollt hätte. Aber sie bestand darauf, dort zu leben und zu sterben, wo sie geboren wurde.

Als er mich an diesem Abend besucht, ist er ungewöhnlich unruhig. Selbst die Musik, die er liebt, scheint er nicht wie gewöhnlich zu genießen. Seine Unruhe überträgt sich auf mich. Ich wünsche mir, ihn nie kennengelernt zu haben, spüre, daß etwas geschehen wird. Ich lese den Roman »Das Parfum« von Patrick Süskind in spanischer Übersetzung. Kasim holt in aller Ruhe ein Klappmesser heraus, dessen Klacken – er öffnet Schneide für Schneide – mit dem Klopfen meines Herzens übereinstimmt. Was will er von mir? Mich erschrecken, um meine Furcht auszukosten? Ein Wahnsinnsverbrechen aus Verzweiflung begehen? Aber warum ausgerechnet ich? Wir haben keinerlei Streit gehabt. Ich weiß über seine Mutter nur das, was ich gehört habe. Ich bin genauso alt wie sie. Das ist alles. Ich verstehe überhaupt nichts mehr. Es gibt keinen Grund für ihn, mich anzugreifen.

Die Platte mit der »Pathétique« dreht sich, und er streicht überaus ruhig und gemächlich mit den Fingern über die Klinge. Ich stehe auf, ohne mich nach ihm umzudrehen, und hole aus der Küche das Holzbrett, auf dem ich immer Fleisch schneide, und ein Schlachtmesser. Dann öffne ich den Kühlschrank und nehme eine Lammkeule heraus. Ich lege das Holzbrett auf den Tisch und fange an, mit der gleichen nervösen, trügerischen Ruhe, mit der seine Fingerspitzen über die Schneide gleiten, das Fleisch mit dem Schlachtmesser zu schneiden. Jeder von uns spielt seine Rolle provokativ: eine Mischung aus Spott und Grauen. Niemals zuvor habe ich einen solchen Wahnsinn mitgemacht. Ich beginne, genauso verrückt zu werden wie er. Wünsche mir, daß etwas Schreckliches passiert, das mein Leben verändert. Sehne mich danach. Will mich selbst auf die Probe stellen. Entweder er oder ich. Ich halte ein, um an der Zigarette zu ziehen, die ich auf der Einbuchtung des Aschenbechers abgelegt habe, dann mache ich weiter mit dem Fleischschneiden. Genau in diesem Augenblick schießt mir der Gedanke durch den Kopf, mit dem Messer über seinen Kopf herzufallen, ihn wie die Keule zu zerteilen und auf diese Weise die verrückte Aufputscherei zu beenden. Nachlässig verfolgt er meine Bewegungen, und mit der gleichen demonstrativen Ruhe, mit der er vorher das scharfe Messer hervorgeholt hat, klappt er es nun zusammen und steckt es in die Tasche. Ich drücke meinen Finger in die Fleischspalte und lutsche ihn genießerisch ab. Schweigend geht er hinaus, ohne daß wir uns verabschieden. Auf der halben Treppe dreht er sich zu mir um, lächelt verzerrt, dann lacht er laut los und steigt hinunter. Auch ich breche in schallendes Gelächter aus.

In dieser Nacht schrie seine Mutter lauter und rief mehr nach Hilfe als sonst. Ihr Kleid war zerrissen und das Gesicht zerkratzt. Sie weinte und wollte nichts Genaues darüber sagen, was geschehen war. Eine der Nachbarinnen, die als letzte herauskam, hat sie sagen hören: »Ich werde ihn niemals wiedersehen. Er ist aus meinem Leib gekommen, das ist gewiß. Aber er ist ein Teufel.«

Zirka zwei Jahre später befand ich mich auf der Rückfahrt von Rabat nach Tanger. Der Bus hielt in Larache. Ich stieg aus, um etwas zu trinken. Da stand Kasim: barfuß, bärtig. Ekelhaft schmutzig. Hebt hier einen Stummel auf und dort einen. Einer glimmt in seinem Mund. In der linken Hand ein zerfleddertes Buch. Ich bestelle das Getränk ab und gehe los, um Zigaretten für ihn zu kaufen. Es dauert nicht lange, doch er ist verschwunden. Ich suche die Umgebung nach ihm ab. Frage den Kellner.

»Er schläft auf dem alten Christenfriedhof. Sie nennen ihn den Philosophen.«

Der Bus hupt, will weiterfahren. Da steige ich ein.

# Mallorca

Bis zu jenem Abend wußte ich nicht, daß Latifu homosexuell war. Wahrscheinlich hat er mich nicht einmal absichtlich in eine Falle gelockt.

In seiner Begleitung befindet sich ein bartloser Jüngling. Wir trinken etwas im Café Roxy, wo ich Latifu vor ein paar Monaten kennengelernt habe. Ich weiß nicht mehr, seit wieviel Tagen ich schon saufe. Mein Gedächtnis ist verfaselt, wirr, benebelt, geistesschwach. Latifu schlägt vor, in meiner Einsiedelei weiterzutrinken. Mit einem Kopfnicken stimme ich zu. Ich falle fast hin, aber ich halte stand. Eine Ahnung erfaßt mich, daß mich heute nacht noch Unerklärliches erwartet. Er verschwindet, kommt mit einer Flasche Wein und mehreren Flaschen Bier zurück.

In meiner Wohnung geht die Feier mit der Mischung von Wein und Bier weiter. Latifu küßt seinen Geliebten, spaßt mit ihm herum. Der Jüngling betrinkt sich, ohne sich um mich zu kümmern. Latifu sieht mich verführerisch an. Ist zu allem bereit. Er flüstert mir zu, daß wir uns den Jüngling teilen. Ich lehne ab. Ich gehe in die Küche, stecke ein Messer in die Tasche. Latifu öffnet die Tür. John Lennon singt »Hajal« IMAGINE. Ich springe los, packe ihn an den Armen. »Laß das Kassettenradio!«

Der Bartlose schleicht wie eine Katze hinaus, die Gefahr spürt. Ich werfe die Tür zu. Er stößt mich, ich stolpere gegen den Kühlschrank. Ich ziehe das Messer. Er läßt das Kassettenradio fallen und rennt zum Balkon. Da ist genug Platz, um sich zwischen den Wäschestücken zu verstecken. Er wehrt den Stich mit der vollen Faust ab.

Ich richtete das Messer auf seinen Bauch. Blindlings, wahnsinnig. Ich war nicht mehr ich selbst. Das wilde Tier, das in jedem Menschen lauert, war es, das da zustieß. Er heulte laut los. Ich dachte an die Nachbarn und hörte auf. Ich machte ihm Platz, damit er rauskommen konnte, gab ihm Fußtritte und schlug die Tür hinter ihm zu. Ich raste zwischen den beiden Zimmern und dem Balkon wie ein Wahnsinniger in einer Tragödie hin und her und stach mit dem Messer in die Luft, um das gereizte, rasende, hungrige, durstige Tier zu besänftigen. Ich warf das Messer vom Balkon auf die Straße. Sonst hätte ich mich vielleicht noch selbst erstochen. Gepackt von einem Anfall hysterischen Heulens, schlief ich, angezogen wie ich war, ein. Ich träumte von abgeschnittenen Köpfen, aus deren Adern das Blut hervorschießt und langsam vertrocknet, von aufgeschlitzten Bäuchen, von hervorquellenden Augen.

Am Morgen weckte mich ein Klopfen an der Tür. An den Wänden waren Blutflecke. Ich zitterte am ganzen Leib, als ich die Tür öffnete. Abdelmalik, der Hausbesitzer, stand da. Er diskutierte nicht über das Geschehene. Ich ergab mich. Murmelte: »Bring mich nach Tetuan. Mallorca-Krankenhaus. Doktor El Djaidi. Ich kenne ihn. Bei ihm bin ich gut aufgehoben.«

Gegen zwei Uhr morgens wache ich in einem Zimmer mit zwei anderen Kranken auf. Eine Abgeschiedenheit, nach der ich mich gesehnt habe. Fern von allen, die ich kenne und nicht kenne. Die Menschen ekeln mich an. Ich rauche zwei Zigaretten. Der links von mir schläft, wacht auf. Ich gebe ihm eine. Genüßlich raucht er. Wir sprechen übers Schlafen und wieviel Stunden der Mensch braucht, stimmen darin überein, daß der Schlaf im Krankenhaus und im Gefängnis nicht so wie der zu Hause ist. Im Krankenhaus herrscht absolute Ruhe. Plötzlich taucht eine Frau auf, die im Flur auf und ab geht. Schwermütigen Blicks sieht sie uns an. Wahrscheinlich kämpft sie gegen die Schlaflosigkeit, weil sie keine Tabletten bekommen hat. Mein psychischer Zustand ist ruhig. Eine andere Frau ist wach geworden und macht das Radio an. Mein Nachbar sagt: »Sie haben ihren Sohn in Fes umgebracht, nachdem sie ihn vergewaltigt haben. Er war zwölf Jahre alt.«

Am Morgen strömt eine Menge Kranker in unser Zimmer, Männer und Frauen. Sie wechseln sich beim Hereinkommen ab, wollen den neuen Patienten beschnuppern. Abdelmalik hat mir eine Handvoll Geld dagelassen. Eine Frau macht mir schöne Augen, führt mir ihre Reize vor. Sie will das Teuerste, das im Krankenhaus zu haben ist: eine Zigarette. Ihr Versuch, sich umzubringen, war nicht gelungen. Sie hatte eine Menge Schlaftabletten genommen und Glas geschluckt. Sie erinnerte mich an El Mazmizi im Krankenhaus Beni Makada.

Ich schreibe an diesen Erinnerungen zu jeglicher Zeit. Es ist fünf Uhr früh. Ich habe das Privileg, aus dem Krankenhaus hinauszugehen. Ich tue es nur, um das, was ich brauche, einzukaufen. Die Gesichter draußen kommen mir dumm vor, ekeln mich an. Die Gesichter drinnen haben Leid und ständige Sorge weise gemacht. Das Brot im Krankenhaus hat einen eigenen Geschmack. Die Verrückten öffnen mir die Tore der Eingebung, um auf die Welt herabzuschauen. Immer, wenn ich einen dieser Verrückten betrachte, erkenne ich in seinem Gesicht die Flamme der Klugheit, mit deren Erlöschen das Zeitalter der Menschheit zu Ende geht. Hier offenbart sich das ganze Elend des Menschen. Ich höre die schluchzenden Schreie eines jungen Burschen: »Mama! Hol mich nach Martil! Martil! Martil!«

Zum erstenmal spricht mich Abdelhakim an. Wir sind beim Frühstück. Er sagt: »Wer zu uns kommt, ist unser Bruder. Wer nicht zu uns kommt, ist unser wahrer Bruder. Gib mir eine Zigarette. Der Geist des Mahdi Ibn Tumart ist über mich gekommen.«

»Da bist du mit Glück gesegnet.«

»Ich habe eine Bitte an dich.«

»Was ist es, Hakim?« (So fing ich an, ihn zu nennen.)

»Ich möchte einen weißen Djilbab haben, um Gerechtigkeit walten zu lassen. Den Ring, den du hier siehst, hat mir der weise Salomo geliehen und mir befohlen, damit Urteil zu sprechen.«

»Aber die Männer der Gerechtigkeit von heute treten in schwarzer Kleidung auf.«

»Weil ihnen Weiß nicht offenbart wurde. Mich hat der Ruf vor ihnen ereilt. Weiß und nur Weiß!«

Nadjib sagt: »Ich für meinen Teil sehe mir lieber Dinge zum Essen an, als sie zu essen. Ich möchte keine Rose sein, auch kein trockener Zweig, der verbrannt wird, sondern ich möchte ein Sandkorn werden. Sandkörner ähneln sich einander mehr als Blumen und Zweige.«

Ein Patient kommt ins Zimmer und erklärt: »Der Regen fällt wie Stein auf uns herab.«

Einem fällt ein Milchkarton aus der Hand, der dabei aufplatzt. Er gibt dem Karton einen Fußtritt und geht weg. Ein anderer steht auf, schleicht hin und beginnt, die Milch mit dem Schmutz aufzuschlürfen.

Mailud sagt: »Ich bin barfuß in meiner Heimat aufgebrochen und kam barfuß in einem fremden Ort an. Wozu die Mühe des Wegs? Ich begegnete Barfüßigen und Fremden, wie ich es war. Unsere Wege waren verschiedene, aber unser Ausgeschlossensein war gleich. Jene dort haben kein Brennholz, sie machen immer alles zu, selbst die Fenster. Jede Tür hat ein Auge in der Mitte, das wie das eines toten Fischs aussieht. Wer könnte da an ihre Türen klopfen!«

Ach, die Fremdheit der Städte! Unsere Hoffnung liegt in den Hütten der Berge und Wüsten. Dort findet der Fremde immer Zuflucht.

Jeden Tag kommt Thuraja und leiht sich bei mir einen Dirham. Es ist eine Gewohnheit von ihr, pünktlich um drei Uhr morgens aufzustehen. Ihre fixe Idee besteht darin, den Flur und die Zimmer unseres Flügels saubermachen zu müssen. Niemand kann sie daran hindern. Jede Nacht weckt sie mich, um mir den Dirham, den sie tagsüber von mir genommen hat, wieder zurückzugeben. Eines Nachts war ich deshalb verärgert, aber da begann sie zu weinen und immer wieder zu stammeln: »Ich bin dir wie eine Schwester, aber du magst mich nicht.«

Vergeblich versuchte ich sie davon zu überzeugen, daß ich, wenn sie saubermachte, nur nicht geweckt werden wollte. Sie setzte sich auf den Boden, rauchte nachdenklich eine Zigarette. Ich bereute es, ihr Vorwürfe gemacht zu haben, doch sie fuhr fort, sich von mir jeden Tag einen Dirham zu borgen und ihn mir morgens um drei wieder zurückzugeben. Ich war überzeugt, daß es eben dieser Dirham war, den ich ihr gegeben hatte. Ich hätte den Kopf gegen die Wand rammen können, aber Thuraja wäre die nächtliche Putzfrau geblieben, ohne daß sie jemand damit beauftragt hätte.

Ständig keift sie beim Saubermachen vor sich hin, knurrt, spricht zusammenhangloses Zeug. Eines Nachts frage ich sie: »Schläft jemand nicht in den anderen Zimmern?«

»Sie schlafen alle. Die Djinns sind es, die wach sind.«

Der Bruder von El Bahi hinterlegt bei mir drei oder vier Schachteln Zigaretten für ihn, weil er sie sonst alle an einem Tag wegrauchen würde. Ich gebe ihm zweimal am Tag vier oder fünf Zigaretten. Er raucht sie nacheinander, ohne innezuhalten. Wann immer ich ihn sehe, verspricht er, mir ein Maultier zu vererben, oder hassanitische Münzen, die unter einem Feigenbaum vergraben liegen. Er lebt in Gedanken in der Zeit Anfang der dreißiger Jahre. Am liebsten ißt er gebratene Eier. Wenn sein Bruder sie ihm mitbringt, läßt er das Krankenhausessen stehen, das dann El Widrasi ißt. Beide sind schon lange hier. Sie sprechen über Dinge, die ihnen gemeinsam sind. Beide kommen vom Land. Wann immer sie zusammen reden, spitzt sich das Gespräch zu. Einmal, als sie beim Essen neben mir sitzen, bohrt sich plötzlich der Finger von El Widrasi ins linke Auge von El Bahi. Blut fließt aus einer Schramme unter dem Auge, aber ihr Gespräch geht weiter. Ich rufe den Wärter, und während der El Bahi behandelt, essen und reden die beiden weiter. Keiner macht dem anderen einen Vorwurf. Auch der Wärter sagt nichts. Als sie mit dem Essen fertig sind, küßt El Widrasi den Kopf von El Bahi, dankt ihm und geht weg. Ich gebe El Bahi drei Zigaretten und überlasse ihn dem Genuß des Rauchens und des Nachsinnens. Er steckt eine an der anderen an, bis alle weg sind.

Abdelmalik kam mit dem weißen Djilbab aus Tanger. Ich hatte für Hakim auch Seife gekauft, damit er ihn waschen konnte. Stolz schreitet er in dem neuen

Gewand in unserem Flügel umher. Dann geht er in den zweiten Flügel, aber als er den dritten Flügel betreten will, den mit den Hosenscheißern, wie man sie hier nennt, verwehrt ihm der dortige Wächter El Buanani den Zutritt. Hakim hat ein bißchen Karate gelernt. Nun ist El Buanani zwar stark und hat einen Körper wie ein Bär, aber seine Schläge gehen in die Luft, an Hakim vorbei. Doch sein Djilbab ist zerrissen und blutbefleckt. Ich frage ihn: »Warum hast du dir den Djilbab zerreißen lassen?«

»Sein Gesicht ist kaputter als mein Djilbab. Geh und guck es dir an.«

»Und jetzt? Was machst du mit dem Djilbab? So kannst du nicht herrschen, selbst wenn du ihn flickst. Dein Urteil würde nicht gerecht sein.«

»Gib mir Geld für Nadel und Faden. Ich werde meine Mission hinausschieben, auch den Besuch, den ich erwarte.«

»Besuch von wem?«

»Von dem, der mich zum Richter ernannt hat.«

Thuraja hat mich wieder um den üblichen Dirham gebeten. Es wird Abend. Jetzt schläft sie bestimmt, damit sie mich wie gewohnt zur Zeit des Putzens, mit dem Dirham in der Hand, wecken kann. Leichter Regen, graue Luft, und ein Kranker singt: »Diese Nacht ist unsere Nacht, wo bist du, o Nacht?«

Zwei Tage verbrachte ich mit meiner Familie. Das wüste Schweigen steht noch immer zwischen mir und meinem Vater. Um meine Mutter zufrieden zu sehen, habe ich ihm, wie üblich, ohne zu sprechen den Kopf geküßt. Das Leid, das ich von ihm in meiner Kindheit erfahren habe, bekommt er nun von mir in seiner Greisenzeit zurück. Niemals mehr Versöhnung. Ich wollte mir die Gassen meiner Kindheit ansehen. Erinnerte mich an den betrunkenen Buasa in der weißen Djubba, dessen Augen die Streitsucht anzusehen war, an Azra Kun, an den verrückten Si Mufaddal und an andere, von denen mich die Fremde die Namen vergessen ließ. Comero war gestorben, Batati war als einziger von den Gefährten der Kindheit geblieben.

Am Eingang von Bab El Nawadir bietet sich mir plötzlich folgende Szene: Eine Schar von Kindern rennt hinter Hakim her, der mit einem Stock in der Hand herumfuchtelt. Also ist er aus der Klinik geflohen. Kaum hat er mich gesehen, stoppt er seine Truppe. Ich frage: »Wohin willst du, Hakim?«

»Zum Krankenhaus, so Gott will.«

»Und diese Kinder?«

»Sie sind meine Anhänger.«

»Was hast du mit ihnen vor?«

»Wir werden unsere Brüder dort befreien.«

»Habt ihr denn Waffen?«

»Steine. Wir werden das Neue mit dem Alten bekämpfen. Schließ dich uns an.«

»Ich muß nach Tanger zurück, um dort unsere Brüder zu befreien.«

»Entbiete ihnen meinen Gruß.«

Ich stecke ihm zwanzig Dirham zu, worauf er mich umarmt und um Segen für mich bittet. Er setzt sich wieder in Bewegung, und seine Truppe folgt ihm.

# Der Tod der Mutter

Die Bedeutung einer Sache erfaßt der Blinde durch Tasten und Lauschen. Das sagen gewöhnlich die, die sehen können. Was aber kann ein Sohn über den Tod der Mutter sagen? Nichts von allem. Kennen wir das Meer von einem Tropfen her? Die Wüste mittels eines Sandkorns? Den Wald mittels eines vereinzelten grünen Blatts? Ist das nicht, als würde man ständig vom Reisen träumen, ohne je aufzubrechen? Sich fortpflanzen wollen, ohne die Zeit der Befruchtung abzuwarten? Was mich betrifft, so spüre ich kein Verlangen mehr, das Nichts zu beschwören, die Nachkommen von Generationen. Die Wörter sind durcheinandergeraten, das Heilige der sprachlichen Offenbarung ist gestorben. Nichts ist geblieben, als die Pyramiden unserer Intelligenz darum kämpfen zu lassen, die sich ausruhenden Zellen wachzurütteln, um uns im passenden Moment von unserer Stagnation zu befreien. Die Lebenden leben, wie die Leb-Toten sterben.

Unaufhörlich läutet die Klingel, dazu noch heftiges Türklopfen. Das muß ein hartnäckiger Mensch sein. Nur eine nächtliche Störung oder ein Überfall? Wer weiß. Nicht du machst dir deine Feinde, sondern sie erschaffen sich selbst in dir, oder andere tun es für sie. Freiwillige finden sich da immer. Eine Vermutung taucht auf. Zu dieser morgendämmrigen Stunde kann höchstens eine von denen vor der Tür stehen. Das wäre nicht das erste Mal, aber so heftig und hartnäckig hat noch keine geklopft. Letztes Mal war es eine friedliche Närrin gewesen, die am Ende der Nacht um Zigaretten bat. Sie gab sich dem Haschisch hin, und da war auf einmal vergessen, wer ihr was angetan hat oder noch antun wird.

Ununterbrochenes Klingeln und Klopfen. Mit solch drängender Hast ist es nie zuvor geschehen. Ich bin noch immer betrunken. Monat Juni. Der Sommer existiert nicht mehr für mich. Fäulnis. Die Zeit strahlenden Sommers lag in meiner Jugend. Vielleicht bin ich es, der verfault. Ich esse selten, schlafe wenig. Was ich einst leugnete, halte ich jetzt für wahr. Wann werden die der Lüge Überführten je aufrichtig sein? Sind es die Katastrophen, die Kraft geben? Macht nicht erst der Verfall den Aufbau der Städte notwendig? Es ist das Unglück, das die Schönheit hervorbringt! Das sagen jedenfalls Kulturforscher. Die Frau, die sich als Modell nackt zeigt, erregt nicht die Gier des Malers: Die Kunst verschlingt sie. Die Zeit wartet nicht auf den Lahmen. Leben und Begreifen des Lebens finden nie gleichzeitig statt. Vielleicht ist das Schönste am Leben, daß man es sich ausmalen kann. Die Zunge des Meers leckt meinen Fuß. Ich mache meine Achsel naß, schaue zum Horizont auf, gen Himmel, hinunter auf den Sand, dann ins ferne, zum todbringenden Abenteuer verlockende Blau. Dreimal wäre ich fast ertrunken, und immer drohte die Gefahr, als ich mich im Meer am wohlsten fühlte. Einmal rettete mich an der Martil-Küste Ben Bubakir, der in Begleitung seines Freundes Floris war[1]. Heutzutage bespritze ich nur den Kopf mit einer oder zwei Handvoll Wasser. Ich lasse mich nicht mehr täu-

1 Zwei Boxer, die Ende der vierziger Jahre in Tetuan lebten.

schen vom Locken des türkisfarbenen Grüns und des nachmittäglichen azurnen Blaus. Nie wieder.

Klingeln und Klopfen wechseln sich rhythmisch ab. Eine Verrückte. Soll sie warten. Warum muß ich immer der Zufluchtsort für ein letztes Glas sein und noch der letzten Hure ein Bett bieten? Ein Taucher hatte mir mal gesagt: »Vertrau auf deine Phantasie, wenn der, von dem du Hilfe erhoffst, nicht rechtzeitig kommt. Es ist besser, dir selbst nah zu sein, als auf einen in der Ferne zu warten.«

Wie wahnsinnig hämmert es jetzt an die Tür.

Ständig besuchen mich Leute, in deren Städten es kein Meer gibt. Trotzdem besteht meine Stadt für sie aus nichts anderem als aus Trödeln durch Straßen, Treffen in Cafés und Kneipen, Nutten in Nachtklubs und Hotels. Das ist alles, was meine Stadt für sie darstellt. Sie wollen nichts anderes als eine Fotze vor und einen Arsch hinter sich haben, und nur ein trefflicher Sieg gilt was. Sie haben die ganze Stadt erobert und fragen noch immer nach dem Begründer. Besäufnisse mit solchen Gästen sind sagenhaft. Ich reiße Witze über Witze – bis zur Erschöpfung, bis zur Ohnmacht, bis zum Wahnsinn, bis – zum Tod der Mutter in meiner Abwesenheit.

Ich gehe barfuß zur Tür. Im Spion zeigt sich mir der unscharfe Umriß einer Gestalt.

»Wer ist da?«

Kein Licht. Seit Jahren wird schon am Strom gespart. Geklingel und Geklopfe. Eine Verrückte. Bestimmt hat der letzte Nachtklub sie ausgekotzt, weil sie absolut erledigt ist. Einer vom Theater hat mir mal gesagt: »Ich habe von Frauen mehr Freundschaft erfahren als von Männern.« Ich habe immer nur die Freundschaft zu mir selbst gehabt.

»Mach auf! Ich bin es – El Akil.«

Er also. Der Mann meiner Schwester. Da kann nur ein Unglück geschehen sein, wenn er zu dieser Zeit erscheint.

»Deine Mutter ist gestorben.«

Mit heiserer, betrunkener Stimme: »Ach, gestorben.«

»Ja. Zieh dich schnell an.«

Ich kippe mir Wasser über den Kopf, kämpfe gegen das Taumeln an. So erging es oft meinen Gästen, wenn sie mehr als ich und bis zum körperlichen und geistigen Zusammenbruch getrunken haben. Zugrunde gerichtete Kamele. Selten genug endete ihr Besäufnis ohne Unglück: Ein Streit über die Bedeutung eines Verses reichte aus. Sie kehren in ihre Städte zurück, um sich zu erholen; ich bleibe hier als ihr Tretwerk. So hat man es mit Scott Fitzgerald und Jack Kerouac gemacht, bis sie sie mit ihren Trinksprüchen getötet hatten. Zu gemeinsamer Vergangenheit verurteilt, wäre es notwendig, zwar nicht das Zusammensein, aber das Reden mit ihnen zu vermeiden. Henry Thoreau hat sich im dichten Wald von Waildan Bund WALDEN POND eine Hütte gebaut und ging davon. Er schrieb über die Ameisen, die Gerüche der Wälder, verachtete die Luft stinkiger Büros. Der Geruch von Stalldung ist weitaus köstlicher als der der elegantesten Bar.

Fünf Uhr morgens. Sein Wagen ist solide und neu. Er fährt ziemlich schnell, aber nicht leichtsinnig. Mir liegt es nicht, einem Raser zu sagen, er solle langsamer fahren. Er bleibt ohnehin bei seiner Geschwindigkeit: entweder aus Angeberei oder aus Sturheit, und vielleicht ermutigt ihn sogar meine lässige Haltung, obwohl ich eigentlich darauf bedacht bin, mein Leben durch solch blödsinnige Raserei nicht gefährden zu lassen. Angst braucht man bei diesen Typen nicht zu haben. Meistens verstecken sie die eigene Feigheit nur für wenige Augenblicke, denn im nächsten Moment sehen sie blaß und ängstlich aus und werden normal. Natürlich gibt es richtige Verrückte, solche, die aufs Rasen versessen sind, ähnlich einem James Dean, der in seinem Wahnsinn einzigartig war.

»Wann starb sie?«

»Vor ein paar Stunden im Städtischen Krankenhaus, nachdem sie zwei Tage lang ohnmächtig war.«

Ich habe sie seit mehr als einem Jahr nicht gesehen. Ich hatte damals das Tonbandgerät angestellt und sie gebeten, auf Rifi etwas zu singen. Erst genierte sie sich ein bißchen, lächelte verlegen, aber dann hat sie gesungen. Die Wörter hatten etwas von der Fröhlichkeit der Kindheit, der Zeit des Brennholzsammelns und der Ernte. Aber ihre Stimme klang traurig. Das kummerbeladene Alter hatte sie geschwächt. Meine Sehnsucht nach ihr war durch die Ferne abgekühlt. Sie aber hat bestimmt immer daran gedacht, daß ich – der einzig Erfolgreiche in der Familie – weit weg von ihr bin. Sie blieb für mich immer tot-lebendig: Noch Jahre später ließ mich an sommerlichen Morgen die Sehnsucht nach ihr wach bleiben. Leere des Geistes. Gesundheitlicher Verfall. Nur wenn es ans Abreisen geht, erinnere ich mich daran, daß sie tot ist. Nur wenn ich krank bin, überwältigt mich die Einsamkeit. Drei Uhr morgens. Ich kämpfe gegen den Zusammenbruch an, bis ich schließlich stehen kann. Schwankend erreiche ich die Tür. Ich lege die Kleiderbürste in den Spalt, damit die Tür nicht zuschlägt. Noch einmal aufzustehen, schaffe ich nicht. Verschlimmert sich meine Lage, muß ich kriechen. Ich nicke ein, wache auf. Vielleicht ist der Zustand dazwischen das Schönste. Wenn ich mich überhaupt an etwas klar und deutlich erinnere, dann meistens nur an weniger schöne Dinge. Es macht schon Sinn, wenn sich der Zauberfisch von totem Fisch ernährt.

Dämmerlicht bricht hervor. Seit Jahren habe ich solch einen Sonnenaufgang nicht gesehen. Der Torso eines zertrümmerten, verrosteten Autos dicht neben einem Baum, der nur noch aus einem vertrockneten Stumpf besteht. Auf dem Weg die Reste eines Hundes; Vögel, die fliegen, andere, die auf den Stromleitungen hocken. Seit Rhimou im Barinsini-Viertel geheiratet hat, habe ich Sebta nie wieder besucht. Mehr als zehn Jahre sind vergangen. Im Stamm des Manns meiner Schwester ist es Tradition, daß der älteste Bruder der Braut sie auf den Armen von der Sänfte bis in den Hof des Hauses trägt. Abdelaziz hatte mich damals in einer Kneipe aufgestöbert, wo ich mit zwei alten Spaniern saß, von denen einer lange Zeit in Tanger gelebt hatte. Nach der Unabhängigkeit war er weggezogen. Er erinnerte sich an die Jüdinnen aus Osteuropa während der Nazizeit, an Haussperlinge und Stare als Vorspeise, an die mit Zwiebeln gebratenen Sardinen in den Tavernen der Hinterhöfe, den Wein aus Fässern, die Kisten zum Sitzen. Nach jedem dritten Glas wurde das Lokal gewechselt, und immer gab es jemanden, der zum Singen aufgelegt war. Ich wäre fast hingefallen, als ich meine Schwester trug. Das Brautpaar teilte den großen, runden Brotlaib, der für die Hochzeit gebacken wird. Man bewarf die beiden mit Salz. Zwei Schlucke Milch und zwei Datteln. Man legte der Braut einen großen Schlüssel in die Hand. Die Frauen aus der Sippe des Bräutigams rissen die brokatbestickten Tücher herunter, mit der die Sänfte geschmückt war. Auch die Nadeln nahmen sie weg, mit denen man die Tücher fesgesteckt hatte. Damit würde der böse Zauber beseitigt werden, sagte man mir. Beherrscht wurde das ganze vom Bräutigam und seiner Familie. Die zur Braut gehörten, durften zusehen, fast wie Diener. Der Bräutigam stand auf der Schwelle der Zimmertür und bildete mit den Armen einen Bogen. Die Braut schritt mit gesenktem Kopf hindurch, und ich ging an den jungen Mädchen vorbei, die sich mit der Braut fotografieren ließen, weil ich in die Kneipe mit den beiden alten Spaniern zurückkehren wollte.

»Woran ist sie gestorben?«

»An Nasenbluten. Es hat seit zwei Wochen nicht aufgehört.«

Ein Vogel prallt vorne ans Auto. Vielleicht hat er nicht einmal das erste Korn dieses Tags gepickt, von dem er träumte. Ein Hirte geleitet eine kleine Herde, hinter ihr läuft sein magerer Hund. Eine Frau melkt eine Kuh. Hühner und Küken. Ein blasses Kind, das mit einem Rohrstöckchen in der Erde scharrt. Wir überholen einen verzweifelt kämpfenden Radfahrer. Mühevoll trampelt er. Das Fahrrad ist alt. Der tägliche Schweiß beginnt zu rinnen. Morgenglanz erwacht, bricht strahlend hervor. Ich kämpfe gegen die Schläfrigkeit an. Ein kaltes Bier. Das ist es, was ich jetzt brauchte. Malika hatte mich aus Tetuan angerufen und mich um hundert Dirham gebeten, weil sie Zahnschmerzen hatte und zum Arzt mußte. Sie teilte mir mit, daß der Vater gestorben war.

»Wann war das?«

»Vor ein paar Monaten.«

»Warum habt ihr mir nicht Bescheid gesagt?«

»Weil wir wissen, daß du ihn niemals, zu keiner Zeit, leiden konntest.«

»Aber die Nachbarn – was haben die über mich gesagt?«

»Die wissen ohnehin, daß ihr euch immer gehaßt habt.«

Das gleiche geschah, als meine Tante starb, und von da an habe ich mich nicht mehr darum gekümmert, wer von ihnen noch lebte und wer gestorben war. Sie teilen mir nur noch mit, wenn einer heiraten will. Kein Zweifel, meine Mutter hatte mit Sicherheit gebeten, mich zu rufen. Aber selbst als sie krank war und ohnmächtig dalag, hat man mir nichts gesagt.

Der Kadaver eines Esels liegt am Rand eines Weizenfelds. Es ist, als würden die Bäume mit uns um die Wette laufen, wenn wir vorbeifahren. Die Hände meines Schwagers umklammern fest das Lenkrad. Er raucht nicht, er trinkt nicht. Um diese Zeit greife ich meistens, wenn ich nicht gerade in Schlaf gesunken bin, mit zittrigen Händen nach dem ersten Glas. Ich stecke mir eine Zigarette an. Beim ersten Zug wird mir übel. Beim zweiten Einatmen hänge ich den Kopf aus dem Fenster, um in die Luft zu kotzen. Die Augen tränen, im Bauch rumort's. Verstohlen blickt er mich an. Bestimmt hält er Abstand zu mir, weil er meinen Gestank nicht riechen will.

Mein Bruder Abdelaziz hatte gesagt: »Wir haben unserem Vater ein schönes Grab gebaut. Du mußt es auf jeden Fall besuchen.«

Die flachen Gräber unserer Geschwister, die während der Hungersnot und des Elends gestorben sind, haben Wind und Regen hinweggefegt. Heute wird uns Seligkeit zuteil, weil wir es geschafft haben, schöne Grabstätten für die Toten unserer Familie zu bauen. Als ich ihm das sagte, schaute er mich verstört an.

Trotz des Schluchzens meiner Schwestern Rhimou und Malika und dem Weinen von zwei alten Schmugglerweibern, die mit meiner Mutter in Tetuan befreundet waren, falle ich in leichten Schlaf. Ich wache auf, als das Weinen in laute Totenklage übergeht. Der Duft des Rosenwassers, in dem man die Tote gewaschen hat, schwängert das Zimmer. Der Begräbniszug setzt sich in Richtung des Sidi-Mubarak-Friedhofs in Bewegung. Der Tod in der Fremde. Ungefähr zwanzig Leute gehen mit. Ich kenne niemanden. Unterwegs stoßen noch andere dazu. Sie paßt nicht in die Grube. Zweimal holt man sie wieder heraus, woraufhin ein Mann mit Bart ruft: »O Diener Gottes, erbarmt euch der Frau! Gebt ihr endlich das Grab, das sie verdient! Quält sie doch nicht so!«

Der Totengräber schaufelt zum drittenmal. Am liebsten hätte ich ihm die Hände abgehackt und die Augen ausgestoßen. Selbst noch beim Tod geizen sie mit der Erde. Das Leichentuch wird mit Rosenwasser besprengt. Das Nachmittagsgebet. Brot und Feigen für die Anwesenden. Keiner so arm, als daß es ihn nach Brot verlangte. Also Huhn, mit Reis gefüllt. Freßsucht. Ein hitziger Disput zwischen Rhimou und Malika über den Verkauf unseres Hauses in Tetuan. Ihre beiden Männer schweigen, halten sich heraus. Um das Haus zu bauen, hatten wir alle Nachbarn mobilisiert, die Steine vom Steilhang geborgen, der nahe dem Viertel lag. Kinder, Frauen, Arbeitslose – alle waren am Bau dieses Hauses beteiligt gewesen. Unsere Mutter hatte uns immer ermahnt, es nicht zu verkaufen, außer wenn uns die Umstände dazu zwängen. Bei keinem von uns bestand dafür ein Grund. Mein Bruder nahm sich an meinem Schweigen ein Beispiel. Selbst wenn ich die anderen dadurch überzeugte, daß ich nicht nach dem Haus gierte, wußte ich nicht, wie ich mich von dieser Diskussion um den Hausverkauf befreien konnte, wenn sie erst mit Essen fertig wären und man den

Tee reichte. Brechreiz überfiel mich, gefolgt von Schwindelgefühl. Ich hatte den Tag über so viel geraucht, daß mir mein Mund wie aus Holz vorkam. Ich hatte nur Kaffee getrunken. Ich behauptete, rausgehen zu müssen, um Zigaretten zu kaufen. Rhimou gab mir den Rat, weniger zu rauchen.

»Abdelaziz wird für dich gehen und welche kaufen, falls du nicht bis morgen warten kannst.«

Ich erhob mich und bestand darauf hinauszugehen. Die anderen merkten, daß ich verstimmt war. Meine beiden Schwäger äußerten sich mit keinem Wort. Der Tod unserer Mutter und die Verhökerung unseres Hauses am gleichen Tag. Noch nie habe ich einen solchen Tag der Verbitterung wie diesen erlebt. Mit dem Tod meiner Mutter war für mich die ganze Familie gestorben. Man hatte mir geraten, gleich wieder zurückzukommen, weil ich nicht wisse, was in Sebta nachts los sei. Sie wußten nicht, daß sich meine Art, die Nacht durchzubringen, mit jeder anderen im Nu verbrüderte. Daß mir immer und überall Rettung winkte. Daß ich an jedem Ort Gefährten fand: Paris, Barjo Schinufi in Barcelona, Carmen-Viertel in Valencia, Marokko-Tor in Casablanca. In diesem Moment sehnte ich mich nach einem Ort, dessen Stille nicht einmal durch das Fallen eines Wassertropfens getrübt wäre. An die Kneipen, die ich aufgesucht habe, kann ich mich nicht mehr erinnern. Von der zweiten oder dritten an liegt alles im Nebel. Wie bin ich aus der Stadt rausgekommen? Ich wachte in meiner Wohnung auf, vollständig angezogen. Vergebens habe ich über Jahre hinweg versucht, mich zu erinnern, wie ich nach Tanger gelangt bin. Einer meiner Schuhe stand vollgepinkelt vor meinem Bett, und der andere thronte auf dem Nachttisch und roch nach Wein. Ich kenne jemanden, der, als er betrunken war, auf seine Tochter gepißt hat, weil er deren Wiege für die Toilette gehalten hat. Ich pinkle wenigstens nur mich selbst an.

An dem Tag, als wir das Haus verkauft und das Geld nach islamischem Recht unter uns aufgeteilt hatten, begannen meine Schwestern beim Abschiednehmen vom Haus in Gegenwart der Rechtspfleger leise zu weinen. Ich fragte unseren Nachbarn, warum sie heulten, und da antwortete er: »Weshalb wohl? Zum Gedenken an die Eltern.«

Ich nahm tausend Dirham von meinem Anteil und ebensoviel von dem meines Bruders vom Tisch, gab jeder Schwester jeweils tausend, und auf einmal waren die Tränen getrocknet. Unserem Nachbarn flüsterte ich zu: »Alles Theater, mit lauter Narren und Heuchlern.«

Ich verließ Tetuan mit dem Gefühl, daß die Nabelschnur, die uns verbunden hatte, durchschnitten war. Meine Wurzeln des Familienbaums waren für immer verfault.

# Eine Liebe, die nicht sein kann

Es ist nicht das erste Mal, daß Salija aus ihrer kleinen Stadt nach Tanger kommt. Dieses Mal aber will sie bleiben. Das traumhafte, nackte, klirrende, wie ein Kristallglas durchsichtige Tanger; das Tanger der Mythen, des Bergs, des Echos jeglicher Stimme. Aber Salija weiß nicht, daß Tanger jeden zermalmt, der nicht gelernt hat, wie sein verhexter Wein zu trinken ist. Tanger gleicht der Zauberin Kirke[1]. Ich kannte Leute, die kamen, um Gedichte zu schreiben, dabei haben sie es nicht einmal geschafft, den Jargon der Kneipen zu lernen; andere wollten malen und wußten nicht die Farben zu mischen.

Salija kam und war bereit, alles aufs Spiel zu setzen und zu gewinnen. Von Kopf bis Fuß hatte sie sich mit all ihrer Frische verpfändet. Saß sie beim Trinken und Haschischrauchen dabei, verlor ich den Verstand. Wie ein Pilzgeflecht, das sich immer mehr verbreitet, stritten die Männer darum, wer sie begleiten durfte. Ein giftiger Pilz für jeden, der sich in sie verliebte. Sie ging mit allen, doch begehrte keinen. Wie großartig tischte sie denen, die sie anheizen wollte, die Geschichte von ihrer

1 Das ist die Zauberin Kirke oder Circe, Königin auf der Insel Aia, mit blonden Zöpfen, die Tochter von Helios, dem Gott der Sonne, und der Perseis, Tochter des Okeanos, dem Gott des Meers, die mit einem Zaubertrank und Zauberstab Menschen und Tiere verhexte, also die Gefährten des Odysseus in Schweine verwandelte. Odysseus konnte sich des Zaubers erwehren, weil der Gott Hermes ihn mit dem Kraut der Tugend ausrüstete, das Homer in der Odyssee Moly nennt, welches die Wirkung des verhexenden Zaubertranks aufhebt.

Vergewaltigung auf. Sie stammte aus gutem Hause (ein Dichter aus ihrer Stadt kann das bezeugen), aber sie wurde zum Fluch ihrer Familie. Schon frühzeitig hat sie ihren Körper von pubertären Jünglingen, Haschischrauchern, Betrunkenen vergewaltigen lassen, mochten sie aus ihrer Stadt oder sonstwoher stammen. Ihre Hand zitterte, wenn sie nach dem Glas griff, und die Asche ihrer Zigarette fiel hinunter, bevor sie sie abstreifen konnte. Ihrer Freundin Karolina hatte sie erklärt: »Jeder, der mir etwas versprach, hat mich betrogen.«

Ohne Glauben an Liebe und Ehe hat sie gelernt, die Männer um sich streiten zu lassen. Mit hektischer, häßlicher Schrift steht in ihrem Tagebuch geschrieben: »Du stellst dich mir überall in den Weg, aber ich habe keinen Weg. Wie ein Ungeheuer aus dem Märchen jagst du mir Angst ein. Ich bin auf der Suche nach einem Traum, doch bei dir finde ich nichts, das mir helfen könnte. Du willst mich, aber ich will mich selbst, und zwar ebenso stark, wie du behauptest, mich zu wollen. Auch meine Freundin Paloma bringt ihre Zeit mit Haschisch, Schnaps und Tagebuchnotizen zu. ›Da ich mich selbst nicht verstehe, schreibe ich wie eine Wahnsinnige. Das Glück scheint mir wie ein Frosch mit einem Hut voller Pfauenfedern zu sein. Die Liebe macht mir Angst. Ich bin ein Engel mit schwarzen Flügeln. Ein Herz ohne Auge. Ich will nicht an den Rand des Abgrunds treten. Liebe ist nicht mehr von Bedeutung. Sie ist wie ein toter Fisch, der im Sommer an einer verlassenen Küste herumliegt.‹ «

Zwischen Gläserklirren und pulsierender Nacht gibt es Anfälle von Reue. Salija kehrt in ihre Stadt zurück, um in reiner Luft zu leben und im Wachzustand ihren Traum zurückzugewinnen: Geheime Neigungen und

Wünsche. Doch schon bald folgt erneut Tanger – mit all seiner Schminke und all seinem Puder.

Kneipen haben viel Schlechtes an sich, aber zum Guten gehört, daß wir da unseren Platz haben. So tröstet sich Salija. Aber Kneipen haben auch ihre Launen – gewisse Augenblicke, das letzte Glas, und jede Frau will die Kleopatra ihrer Kneipe sein. Das spendierte Glas kann, wenn du nicht aufpaßt, genau das sein, das dich in den Morast des letzten Glases führt: Die Krücke auf dem Weg, wie die Betrunkenen sagen, die sich einander im Unglück mehr als andere Menschen helfen. Sie machen Fremde satt, lassen Verwandte hungern. Ihre Einsamkeit ist tödlich, ihre Aggressivität stärker als ihr Hang zur Geselligkeit. Betrunkene leben ihrer Stimmung: Schon drei Tagen esse ich nur das, was die Kunden des Cafés Si Mouh vom Frühstück übriglassen. Das Meer tobt, der Hafen liegt verödet da, frei von Kriegs- und Handelsschiffen. Man schreibt das Jahr '55. Ich betätige mich als Bootsmann, bringe die letzten Matrosen, alle besoffen, aufs Schiff. Der Ostler[2] stürmt. Zur Abendessenzeit komme ich am Lokal Maria vorbei. Absalam ruft mich, bietet mir ein Glas Wein an. Ich bitte ihn um fünf Peseten, um mir erst etwas zu essen zu kaufen. Er stottert herum, entschuldigt sich, und mir wird klar, daß er gerade nur so viel hat, um die Getränke zu bezahlen. Ein oder zwei Gläser auch für mich. Ich denke: Und mein Bauch? Die Getränke kommen, und ich esse die Häppchen (die zum Getränk gereicht werden) – erst meine, dann seine, und dann noch die von seinem Nachbarn. Er bestellt immer mehr zu trinken, ermutigt mich zu essen und freut sich, daß Glas auf Glas folgt. Er fällt in sich zusammen,

2 Ostwind

stammelt vor sich hin. Bevor er hinausgeht, bitte ich ihn um hundert Peseten, worauf er mir das Geld gibt, und zwar ohne alles Stottern und Entschuldigen. Hätte ich mehr gewollt, hätte er auch nicht abgelehnt. Ich bereue, es nicht getan zu haben.

Salija ging zu einem ihrer Lehrer nach Hause. Er sollte ihr das korrigieren, was sie einen lyrischen Text nennt. Die beiden tranken zusammen, rauchten Haschisch, und als sie sich weigerte, mit ihm zu schlafen, zerriß er ihr das Kleid und biß ihr in Hals und Schulter. Sagenhafte Bisse, wie sie sagte. Salija gab zu, daß er betrunkener war als sie und sie vom Hasch benebelter als er. Der Lehrer hatte eine Liebesgeschichte mit einer anderen Studentin hinter sich. Erst wollte er sie heiraten, sie ihn auch, aber dann erlebte das Mädchen einen Schock, als er eine andere heiratete.

Wann lebte Salija mehr – am Tag oder in der Nacht?

Sie war aus der Fakultät hinausgeworfen worden, weil sich der Geruch ihres Morgens mit dem ihrer Nacht vermischte. Wir wissen nicht, ob sie mehr nach Blumen oder mehr nach Parfüm roch, oder nach keinem von beidem.

Salija kam in einer Zeit nach Tanger, in der die schönsten Huren nichts zu tun hatten. Glücklich war diejenige, die, nachdem ein Arbeitsloser sie geheiratet hat, als Putzfrau in einem Hotel oder als Küchenhilfe in einem Restaurant Arbeit fand. Nichts war geblieben außer Schwelgen in vertanen Erinnerungen, schwermütiger Wahnsinn, in Schnaps ertränkte Mißerfolge und Herumziehen durch Kneipen. Je nach Glück, Besoffenheit oder dem Portemonnaie des Kunden verbummelt Salija die Nächte in eleganten oder schäbigen Hotels. Wer der Mann ist, interessiert nicht. Die Nacht und der Rausch verbergen das Unglück. Von einem Haus zieht sie zum anderen, bis das Geld nur noch zum Besänftigen ihrer Verrücktheit und Unruhe reicht. Jede Nacht kaut auf ihr mehr als ein Mann herum, wohlhabend oder zahlungsunfähig, bis schließlich ihre ganze Süße ausgelutscht ist.

Für Salija hat der Tag keinen Duft mehr. Die Nacht kennt keinen Tag. Der Tag macht Salija häßlich, die Nacht schön. Das einzige, was sie noch interessiert, ist, über jemanden zu stolpern, der sich in sie verliebt und den sie lieben kann. Aber die Liebe in Tanger ist nicht von der Art der Jungmädchenträume. Salija ist sich selbst verlorengegangen und wie alle anderen geworden.

Es ist Zeit fürs Dichten, Zeit für den Traum in Tanger, doch wohin sind die Dichter, wohin die Träumer? Die Niederlage schreitet, wo immer es ihr beliebt, im äußersten Elend ihrer Nacktheit einher.

Wie ich Salija kennenlernte:

Ich sitze als einziger in der Halle des Hotels Villa de France, als sie hereinkommt. Der Kellner erzählt mir was über die Unterschiede zwischen lokalen und nationalen Fußballmannschaften. Wenn nicht mehr als eine oder zwei Personen in der kleinen Halle sind, verflucht er die, die ihm was schulden. Salija bestellt ein Bier, steckt sich mit zittriger Hand eine Zigarette an. Sie schlägt ein Heft auf, liest ein paar Zeilen, legt es auf den Tisch zurück. Der Kellner hört nicht zu schwatzen auf. Als er sie bedient, zwinkert er mir zweimal zu. Ich begreife, daß er mir zu verstehen geben will, man könne sie anreden. Sie schreibt und trinkt. Steckt sich eine Zigarette an der anderen an und zieht den Rauch tief ein. Nur ganz wenig stößt sie aus, blasser Dunst, ähnlich einer Wolke im Sommer. Nichts an ihr deutet darauf hin, daß sie von »hier« ist. Ziemlich gewagt, Bier zu trinken, wenn sie keine von denen ist. Kein Zweifel, eine emanzipierte Frau. Ich bestelle ein Bier für sie. Ihr Blick geht zwischen mir und dem Kellner hin und her. Sie dankt mit einem Kopfnicken und lächelnden Augen. Von Bier zu Bier, von Zigarette zu Zigarette verraten meine Blicke, daß ich bei ihr sitzen möchte. Ihr Lächeln, das Senken des Kopfs künden von Einverständnis. Das Heft ist geöffnet. Der Kugelschreiber liegt auf der halb beschriebenen Seite. Sie schlägt das Heft nicht zu, als ich mich neben sie setze. Wiederum eine Kühnheit. Wir nennen unsere Namen. Sie sagt, sie habe mich im vergangenen Sommer in ihrer Stadt mit ihrem Lehrer gesehen. Wir hätten in der Kasbah etwas getrunken, während sie mit Karolina Sardinen gegessen hätte. Mit verstohlenen Blicken versuche ich, die im Heft festgehaltenen Gedanken zu entziffern: »Mit wem werde ich heute gehen?« Und: »Ich frage mich verwirrt, ob ich bleiben oder zurückkehren soll. Bestimmt werde ich heute nacht etwas zu trinken bekommen, aber ich werde um kein Glas betteln oder jammern. Ein Trinker hat seine Ehre.«

Wir sind in meiner Wohnung. Auf ihren Brustwarzen stehen zwei aufgerichtete Knospen. Wann immer das Glas gefüllt ist, trinkt sie es aus. Sie hält ein paar Gedanken in ihrem Heft fest. Die Subjektform steht bei ihr meistens im Akkusativ, die Objektform im Nominativ. Ich besitze zwar nicht viele Werke großer Dichter, aber zumindest habe ich viele Gedichte von Lyrikern gelesen, die die Liebe zur Poesie umgebracht hat. Salija hat nichts davon.

Ihre Haut ist weiß, aber fest und straff, bedeckt mit schwärzlichem Flaum. Ist sie heiter, dann lachen ihre Augen. Sie hat lange, schwarze Wimpern: das Schönste überhaupt. Ihre Lippen sind zart, und ihr Haar, das ein wenig gewellt ist, verströmt den Geruch von Herbstblättern, die noch vor dem ersten Regen zu Haufen gewirbelt sind. Manchmal, wenn sie sich ein paar Tage nicht gewaschen hat, geht von ihr der Geruch eines vorbeihuschenden Wiesels aus. Ihr Atem riecht immer etwas nach Schnaps und Tabak. Wenn dazu ihr starkes Parfüm kommt, macht das gierig. Wir schlafen beide in meinem Bett. Sie liegt mit dem Gesicht zur Wand. Wenn ich vergeblich im Bett nach ihr suche, weiß ich, daß sie, ein kleines Kissen umklammernd, auf der Liege im Wohnzimmer schläft. Ich muß ihr unbedingt ein Kuscheltier kaufen, einen Affen oder einen Bären. Sie ist schlafend wach. Steckt sich eine Zigarette nach der anderen an. In einer Nacht raucht sie eine ganze Schachtel weg. Am Morgen steht in ihrem Heft: »Ich habe geträumt, daß ich eine Motte zerquetsche, und auf einmal fliegt ein Vogel zwischen meinen Beinen auf. Dann verfolgt mich mein Vater in einem Garten, und plötzlich fällt er in einen Brunnen. Meine Mutter kommt nackt angerannt und schreit: Da das Grab! Sie tanzt. Mein Vater schreit um Hilfe, und meine Mutter tanzt vor lauter Glück wie wahnsinnig. Das schlappe Greisentum meines Vaters hat sie schwach gemacht, sie liebt einen anderen Mann.«

Salija haßt den strahlenden Morgen Tangers. Sie zieht oft etwas Schwarzes an. Es paßt zu ihrer weißen Haut. Mir ist nicht klar, ob ihr bewußt ist, wie schön sie dann aussieht. Sie liebt nächtliche Straßen und laute Kneipen; die Nacht der Einsamkeit und der Stille beunruhigt sie. Sie spielt mit der Phantasie der Männer. Sie riskiert, alles oder nichts zu besitzen. Sie hat nichts mehr zu verlieren. Mit jedem Tag wird sie schwächer. Sie überläßt sich jedem, ob sie ihn kennt oder nicht. Münder saugen sie aus, mit und ohne Lohn.

Am Morgen erinnert sie sich höchstens noch an das Schaukeln des Betts, denn selten genug findet sich der Herr der Nacht bereit, sich von ihr zu verabschieden.

Sie kam nach Tanger zur unpassenden Zeit. Es hat ihr den Verstand geraubt. Die Nacht Tangers hat sie vergessen lassen, was unten und was oben ist. Sie hat gelernt, andere zu belügen und nur sich selbst zu glauben. Keiner fühlte sich von ihr betrogen, denn die, denen sie sich fügte, heuchelten noch mehr. Ist es nicht so, daß sich die Lügner – wie die Betrunkenen – gegenseitig beistehen und schlechten Spaß an netten Lügen haben?

Salija war von ihrer Jugend und der Kunst des Lebens betrogen worden. Andere Leidenschaften trennten uns, so daß wir uns nur noch in Kneipen und Bars sahen. Wir bewahrten uns unser Gefühl füreinander, auch wenn wir uns nicht von Angesicht zu Angesicht begegneten. Jeder von uns hatte seine Leidenschaften. Ich war weder der Verflossene noch der Künftige in ihrem Leben. Eine Liebe, die nicht sein kann – das war das stärkste Gefühl, das uns verband.

# Tingis

Es heißt über dich: Der Lehm der Freiheit stamme von dir
und eine Klage aus deinem Mund spende den Frieden,
der Taube ist, oder Wiedehopf,
und Rabe.
Und zwischen zwei Wellenschlägen
zeugte Tanger Meeresschaum in Fülle.

---

Es stürmten ein auf deine Jungfräulichkeit
die Seziermesser von Geilheit und Krieg,
die Zeremonien von Inkarnation und Seelenwanderung.
Und dann das Fest des Bacchus,
an dem der Wahnsinn in die Lenden floß,
das irre Gefasel ins Brüllen des Meers,
als wärst du Troja, das das Pferd zerstampft,
als wärst du in deinem Sterben eine Braut,
die noch im Erlöschen Sojus entflammt.

---

Und auf dem Weg auf deine Festung zu,
kündete ich noch, du wärst Arkadien gleich.
Doch als sich mir im Morgengrauen deine reiche Quelle bot,
da war in meinem Mund die Feuchte von Lumpen,

Und mit dem Geschmack von Verbannung und Seuche,
erwachte ich in der Glut der Mittagshitze.
Wehen überfielen mich, am hellichten Tag.
An der Drosselvene etwas, das Wunden und Krusten glich.
Ich aß das Fleisch unreifer Früchte.
Und am Abend den Staub.
Ich bin ein Enkel des verfluchten Satyr,
habe nicht Abraham zum Vater,
und auch nicht Daidalos.
Ist das der Fluch, in dir zu weilen?
Wie aber weggehen ... da du mein Irrgarten bist?
Ich bin nicht vom Leib Ariadnes, auch nicht dem der Penelope.
Die Wellen haben mich an deine Küste gespült,
bis an die Grenze der Koralleninseln,
und als mein Blick sich auf dich richtete,
verwickelte sich mir der hilfreiche Faden der Suche.
Bist du eine Medusa, und ich erkenne dich nicht?
Verbirgt der Saum deiner Nacht Scheherazade?
Gehört dir die geliebte Aschtoret an?
Die fiebrige Lüsternheit im Blick Messalinas?

---

Ich sah deinen Augen die Launen des Verstands an.
Ich sah deinen Augen Sehnsüchte an:
das leibliche Vergehen des Enkidu,
der geistige Aufschwung des Gilgamesch.
Du träumst, der Frühling leidenschaftlicher Liebe möge
dauern,
du träumst vom immer wiederkehrenden Frühling des Lebens.

Mein Sein ist, wie du es wolltest:
Balkis oder Marjam oder Rabia die ...!
Mein Sein ist, wie du es wünschtest,
nur daß du selbst nicht seinem Bilde entsprichst.

---

Deine grünen Gärten mit Pfauen,
deine von Legenden erfüllte Küste,
deine in Rosa getauchten Höhen,
deine gefangennehmenden Ruinen,
und nicht zu vergessen die Fliegen, der Morast
und die engen Gassen.
Ach, wieviel Katzen und Hasen ich dort sah!
Getauft von Paten in Synagogen, Moscheen und Kirchen.
Von der Gnade der Vagabunden bedeckt beim Grollen des
Hungers.
Deine Pforten – stumm wie sich verschließende Gestade,
und wir, in unserer Nacktheit, fortgespült vom Regen,
gießen die Wärme des Alkohols in uns hinein.
Als würde alles, das wir berühren, zu einer Seuche.

---

Man sagt über deine alten Schätze:
Ihre Glut zwang die Eindringlinge zur Flucht.
Man sagt, daß dein ferner Traum
verschämt kommt und prächtig geht.
Verweigerung, die Zeitläufte blockiert, bringt
Lust am Labyrinth, das anfängt, wenn es endet,
Lust am Abstürzen,
Lust am Trost über die Wunde, die nicht heilen will,
Lust an Übersinnlichem und Müll.

Im Fegefeuer von Paradies und Hölle
nun die Leiber, die Seelen,
die angepriesen auf Märkten ich sah,
Ware – verboten, erlaubt, zu niedrigstem Preis.
Das Abseits, die Zudringlichkeit,
das Leichentuch, die Jahreszeit,
die Auferweckung,
die Entjungferung,
alles verkauft auf dem Markt der Meistbietenden.
Ein Auge auf das Meer,
ein Hintern auf dem Stein,
ein Ohr auf die Nachricht.

# Leseprobe

Das nackte Brot ist die Autobiographie des marokkanischen Schriftstellers Mohamed Choukri. Die Geschichte beginnt in einem kleinen Ort im Rif-Gebirge, wo Choukri 1935 geboren wurde. Der Vater ist Bauer. Aber bald gibt es auf den Feldern nichts mehr zu bestellen. Hungersnot geht durchs Land und treibt die Familie nach Tanger. »Auf dem Weg in unser Exil, zu Fuß, sahen wir Viehkadaver, um die schwarze Vögel und Hunde ihre Kreise zogen. Ekelhafte Gerüche. Zerfetzte Eingeweide. Gewürm, Blut und Eiter.« In Tanger findet die Familie nur tiefere Armut, entsetzlichere Verzweiflung. Die Mülltonnen machen den kleinen Jungen aus dem Rif und die vielen anderen herumstreunenden Kinder nicht satt. Der Bruder zu Hause weint. Er weint um Brot.

Mohamed Choukri

**Das nackte Brot**

Aus dem Arabischen von
Georg Brunhold und
Victor Kocher

ISBN 3-8218-4403-5
353 Seiten, 36,– DM

# EINS

Ich weine, weil mein Onkel tot ist. Die Kinder um mich herum weinen mit mir zusammen. Sonst weine ich nur, wenn jemand mich schlägt oder wenn ich etwas verloren habe. Ich sehe auch andere Leute weinen. Der Hunger ist im Rif. Die Dürre und der Krieg. Eines Abends bin ich nicht mehr imstande, meine Tränen aufzuhalten. Der Hunger schmerzt mich. Ich lutsche meine Daumen, lutsche und lutsche. Ich erbreche mich, doch nur Speichel sabbert aus meinem Mund.

Meine Mutter sagt immer wieder zu mir: »Schweig! Wir werden nach Tanger auswandern. Dort gibt es viel Brot. Du wirst nicht mehr um Brot weinen, wenn wir in Tanger angekommen sind. Dort essen die Leute sich satt.«

Mein Bruder Abdelkader weint nicht.

Meine Mutter sagt: »Sieh deinen Bruder Abdelkader an, er weint nicht, und du weinst.«

Ich schaue in sein bleiches Gesicht und in seine leeren Augen und höre auf zu weinen. Nach wenigen Augenblicken verläßt mich die Geduld wieder, die ich von ihm geborgt habe.

Mein Vater kommt herein. Er findet mich weinend. Er verpaßt mir Fußtritte und Faustschläge.

»Schweig! Schweig! Schweig! Das Herz deiner Mutter wirst du fressen, du Hurensohn.«

Er hebt mich in die Luft. Er schleudert mich auf den Boden. Er tritt mich, bis seine Füße erlahmen und meine Hose durchnäßt ist.

Auf dem Weg in unser Exil, zu Fuß, sahen wir Viehkadaver, um die schwarze Vögel und Hunde ihre Kreise zogen. Ekelhafte Gerüche. Zerfetzte Eingeweide, Gewürm, Blut und Eiter.

Nachts heulten die Schakale in der Nähe des Zeltes, das wir irgendwo aufstellten, dort, wo die Erschöpfung und der Hunger uns zum Halt zwangen. Da und dort begruben die Leute ihre Toten, wo sie soeben gestorben waren. Mein Bruder hustete und hustete.

Ich fragte meine Mutter voller Angst: »Wird er auch sterben?«

»Aber nein. Wer hat dir gesagt, daß er sterben wird?«

»Mein Onkel ist tot.«

»Dein Bruder wird nicht sterben. Er ist nur krank.«

In Tanger sah ich das viele Brot nicht, das mir meine Mutter versprochen hatte. Der Hunger war auch in diesem Paradies, aber es war kein Hunger, der die Leute umbrachte.

Wenn der Hunger sich mit Gewalt über mich hermachte, ging ich hinaus in unser Viertel Ain Ktiouet. Ich suchte in den Mülleimern nach eßbaren Resten. Ich traf einen Knaben, in den Mülleimern wühlend wie ich. Sein Kopf und seine Hände voller Pusteln. Barfüßig, Hemd und Hose durchlöchert. Er sagte zu mir: »Die Mülleimer in der Stadt sind besser als die in unserem Quartier. Die Abfälle der Christen sind besser als die der Muslime.«

Nach dieser Entdeckung ging ich ab und zu weiter aus unserem Quartier hinaus. Alleine oder zusammen mit den Mülleimerkindern.

Einmal entdeckte ich ein totes Huhn. Ich presse es gegen meine Brust und renne nach Hause. Meine Eltern sind in der Stadt. Mein Bruder hat sich in einer Ecke ausgestreckt. Sein Oberkörper liegt, etwas erhöht, auf einem Kissen. Er atmet schwer. Seine großen, matten Augen überwachen den Eingang. Er sieht das Huhn.

Seine Augen werden munter. Er lächelt. Sein ausgemergeltes Gesicht rötet sich. Es kommt Bewegung in ihn, er erwacht aus seiner Bewußtlosigkeit. Er hustet vor Freude. Ich finde ein Messer. Er hustet und keucht. Ich wende mein Gesicht nach Osten, so wie ich meine Mutter beten sehe. Ich sage laut: »Im Namen Gottes. Gott ist groß.« So tun es die Erwachsenen. Ich schneide dem Huhn in die Kehle, bis sein Kopf ganz abgetrennt ist. Ich warte, daß es blutet. Ich massierte es, damit es vielleicht blutet. Etwas Schwarzes, ganz wenig, rinnt aus seinem Hals. Im Rif habe ich Nachbarn ein Schaf schlachten gesehen. Sie hielten ihm ein Becken unter die Kehle, aus der das Blut schäumte. Das Becken wurde voll, und sie gaben es meiner kranken Mutter. Sie hielten sie auf dem Bett fest, doch sie sträubte sich dagegen, das Blut zu trinken. Sie brachten sie mit Gewalt dazu. Das Blut lief ihr über das Gesicht und über die Kleider. Sie wälzte sich im Bett, dann verlor sie die Besinnung und versetzte die andern mit unverständlichen Worten in Aufregung. Warum fließt das Blut jetzt nicht aus der Kehle dieses Huhns, wie ich es aus der Kehle des Schafs fließen sah? Ich höre ihre Stimme: »Was machst du da. Wo hast du es gestohlen?«

»Ich habe es gefunden, krank. Da habe ich es geschlachtet, damit es nicht vorher stirbt. Frag meinen Bruder.«

»Du Narr!« Sie reißt es mir wütend aus den Händen. »Die Menschen essen kein Aas.«

Mein Bruder und ich wechseln traurige Blicke. Er schließt die Augen, in der Hoffnung auf etwas Eßbares.

Mein Vater kommt jeden Abend verdrossen nach Hause. Wir wohnen in einem einzigen Raum. Manchmal schlafe ich mitten im Gerümpel. Mein Vater ist eine Bestie. Kein Mucks, kein Wort ohne seine Ermächtigung, als würde er über alle Dinge bestimmen und nicht Gott, wie ich es die Leute sagen hörte. Er schlägt meine Mutter ohne verständlichen Grund. Ich habe ihn öfters zu ihr sagen hören: »Ich werde dich verlassen, du Hurentochter. Mach deine Sache allein mit diesen zwei Welpen!«

Er zieht seinen Schnupftabak hoch. Er spricht mit sich allein. Er speit nach unsichtbaren Leuten. Er verflucht uns. Er sagt zu meiner Mutter: »Du bist eine Hure und die Tochter einer Hure.« Er beleidigt die ganze Welt. Manchmal lästert er Gott und bittet ihn hinterher um Verzeihung.